As Relações de Amor em Psicoterapia

Dados Internacionais de Catalogação na Publicação (CIP)
(Câmara Brasileira do Livro, SP, Brasil)

Angerami, Valdemar Augusto, 1950 -. As relações de amor em psicoterapia / Valdemar Augusto Angerami. – São Paulo : Cengage Learning, 2006.

Bibliografia.
ISBN 85-221-0391-7

1. Amor - Aspectos psicológicos 2. Psicoterapia 3. Relações interpessoais I. Título.

05–8770 CDD–152.41

Índice para catálogo sistemático:

1. Relações amorosas : Psicoterapia : Psicologia 152.41

As Relações de Amor em Psicoterapia

Valdemar Augusto Angerami

CENGAGE

Austrália • Brasil • México • Cingapura • Reino Unido • Estados Unidos

CENGAGE

As Relações de Amor em Psicoterapia

Valdemar Augusto Angerami

Gerente Editorial: Dulcy Grisolia

Editora de Desenvolvimento: Danielle Mendes Sales

Supervisora de Produção Editorial: Patricia La Rosa

Produtora Editorial: Gabriela Trevisan

Produtora Gráfica: Fabiana Alencar Albuquerque

Copidesque: Iná de Carvalho

Revisão: Andréa Pisan Soares Aguiar
Mônica Cavalcante Di Giacomo

Composição: PC Editorial Ltda.

Capa: Evandro Angerami

ISBN-13: 978-85-221-0391-1
ISBN-10: 85-221-0391-7

Cengage Learning
Condomínio E-Business Park
Rua Werner Siemens, 111 – Prédio 11 – Torre A – Conjunto 12
Lapa de Baixo – CEP 05069-900 – São Paulo – SP
Tel.: (11) 3665-9900 – Fax: (11) 3665-9901
SAC: 0800 11 19 39

Para suas soluções de curso e aprendizado, visite **www.cengage.com.br**

Impresso no Brasil
Printed in Brazil

Sumário

Para
pessoas que na vida
são amadas ou odiadas,
jamais despercebidas...
elas possuem na alma
a eloqüência das paixões...

Agradecimentos

Alguns agradecimentos são necessários, pois sem a presença de algumas pessoas este livro não se efetivaria. E, diante da minha inquietação em saber as diferentes etapas do processo da produção de um livro, creio que o leitor talvez tenha essa mesma curiosidade. Desde sua decisão inicial até sua efetivação, um longo processo se desenvolve e se sucede seqüencialmente. A minha intenção é resgatar detalhes que passam despercebidos para a maioria, mas sem os quais um livro não se viabilizaria. É fato que, ora rabiscando o meu caderno, ora com os dedos martelando incessantemente as teclas do computador, "escrevinhei". No entanto, antes de seu constitutivo em forma de livro, é importante relatar as diversas passagens por que ele passa.

A idéia inicial deste trabalho foi de Vanessa – a minha doce e suave Cacheadinha – que, com sua inquietação teórico-filosófica, sempre está sugerindo temas para reflexão e digressões dos mais diferentes matizes. E juntos, à medida que ia sendo escrito, discutíamos colocações e inserções. Os meus dedos produziram, mas sua alma concebeu o dimensionamento desta produção.

Outro grande ponto de incentivo foram Paulinha e Evandro, filhos queridos, cujas presenças são estímulo ao nosso desenvolvimento. E também é necessário que agradeçamos a pessoas que nos resgatam a própria fé na condição humana: Marina Pereira Boccalandro, Sueli Castillo Pereira, Ronilda Iyakemi Ribeiro – Roni –, Rubens Matuk – que, além de ser um dos maiores artistas plásticos da atualidade, ainda perambula pelas ruas da cidade de São Paulo plantando números incontáveis de árvores –, André Roberto Ribeiro Torres, Elizabeth do Vale e Edézia Maria de Almeida Gomes. E também a todos que nos incentivam com suas críticas e elogios, pois são eles que nos direcionam a uma constante renovação de esperanças e da necessidade de que os nossos trabalhos atinjam patamares cada vez mais altos.

Apresentação

Este livro traz em seu bojo reflexões sobre as manifestações das relações amorosas no processo de psicoterapia. Ele foi concebido para ser um guia de discussão teórico-filosófica das relações amorosas e sua manifestação no âmbito da psicoterapia. Foi idealizado na praia de Jacumã, na Paraíba, e recebeu seu aprumo final na Serra da Cantareira.

Trata-se de uma obra cujo enfeixamento teórico-prático irá contribuir para todos que se debruçarem sobre as publicações contemporâneas buscando uma nova compreensão acerca dos desdobramentos ocorridos na psicoterapia. Um longo passeio no qual as diferentes manifestações amorosas serão saboreadas no relento da mais pura emoção de nossos repentes reflexivos.

Uma obra que, ao mesmo tempo em que se mostra didática em suas análises, se presta a uma contundência bastante severa a determinados postulados da psicologia e da psicoterapia que se mostram contrários, e, portanto, obsoletos, aos avanços alcançados na área ao longo dos últimos tempos. Estamos construindo uma teorização moderna na qual as marcas do nosso tempo estão presentes e se manifestam de maneira abrangente. Um livro escrito pelas minhas mãos, mas partilhado pela co-autoria de todos aqueles que sobre ele se debruçarem em busca de subsídios para suas práticas profissionais.

Serra da Cantareira, em uma manhã de verão.

Sobre a Capa, Ilustrações e Editorial

Uma pena branca sendo levada pelo vento
no azul do céu e que se mistura ao
branco das nuvens e desaparece...
da excitação que leva ao deleite
e a névoa que se dissipa diante da realidade...
do amargor da decepção, da alegria do encontro...
da esperança da felicidade, da crença no amor...[1]

Ao decidir pela temática deste livro, surgiu a idéia de contemplá-lo com toque requintado de arte. De um tempo a essa data, a preocupação em dar um constitutivo artístico aos nossos livros tem nos levado a buscar detalhamentos que envolvem desde a elaboração das capas, diagramação das letras, corpo utilizado, tipo propriamente dito até o papel empregado na confecção da obra. É fato que contamos com o incentivo indispensável de todo o corpo editorial da Thomson Learning, sem o que de nada adiantaria essa preocupação.

Tenho a mais absoluta convicção de que estou me tornando alguém *insuportável* para o pessoal do corpo editorial, pois, diante de cada novo livro, a sensação que tenho é de que eles começam a se descabelar ao imaginarem as exigências que farei para a sua edição. No entanto, eles se mostram tão amáveis que, suponho, sejam masoquistas por agüentarem um autor que se sente no direito de exigir tantos e meros detalhes na elaboração de um livro. E, apesar de ser um autor que valoriza o trabalho editorial, até mesmo por acompanhá-lo de perto com exigências que, em alguns momentos, até por mim são consideradas descabidas e exageradas, o fato é que prestar homenagem a esses artesãos quase anônimos, que atuam nos bastidores de uma edição, torna-se um agradecimento que certamente será o menor entre os menores.

Pessoas queridas – Patricia, Fabiana, Ligia, Danielle, Tatiana, Fábio, Gabriela e Shisleyne – as quais fazem com que o prazer que sinto em ver meus escritos transformados em livro seja ainda maior pela maneira como participam, opinam e o direcionam para que o sonho rascunhado se transforme em uma obra de aspectos e consistência fascinantes. São verdadeiros co-autores, ainda que seus nomes não figurem na capa junto do meu.

A escolha da capa e dos desenhos que ilustram este livro foi algo efetivado valendo-se do fato de que as árvores são a fonte da vida, o esteio de amor sobre o qual repousa esperança de vida no planeta – plantar árvores é humanizar cidades e perpetuar a vida –, e até de aspectos intencionais de fazer deste livro

1 ANGERAMI, V. A. (org.) *E a psicologia entrou no hospital*. São Paulo: Thomson Learning, 2004.

uma obra artística, envolvendo tanto a arte da escrita como a do desenho. É dizer que muito do que somos aqui está lançado em direção aos sonhos de que este livro seja algo mais do que um punhado de letras, linhas e parágrafos; ao contrário, que ele traga vertentes de vida, paz e amor a todos que sobre ele se debrucem em busca de reflexões sobre o amor. Talvez fosse necessário outro parâmetro de reflexão para que se pudessem escrever os critérios de escolha dessas ilustrações, pois, certamente, ao se falar de amor, o que surge é um sentimento de transcendência que leva a nossa alma para horizontes diferentes daqueles estabelecidos pela razão.

E, assim, temos um novo livro que irá discorrer sobre o amor, suas diferentes manifestações e sua repercussão no campo da psicoterapia. O próprio título deste livro sofreu diversas modificações ao longo do percurso de sua elaboração. Inicialmente, seu título era *As Relações Amorosas em Psicoterapia* e ainda apresentava o subtítulo de *O Amor na Atualidade*. Refletimos que esse título daria uma idéia a quem dele se aproximasse de que se tratava de um amor envolvendo o relacionamento homem-mulher.

Como o livro é muito mais abrangente do que esse binômio, abandonamos esse título. Em seguida, pensamos em *O Amor na Psicoterapia*, que também foi abandonado pela falta de abrangência que mostrava. Finalmente, decidimo-nos pelo título atual, na crença de que repercute as propostas reflexivas que a obra apresenta.

Um livro apaixonante e ao mesmo tempo instigante, revestido de uma aura amorosa que certamente cobrirá a todos que sobre ele se debruçarem. Um livro que discutirá a vida e uma de suas principais manifestações – o amor. A vida que pulsa e se transforma em amor. E no amor que dá sentido à própria condição da vida diante de suas adversidades. Ou ainda, nas palavras de Dostoievski[2],

> *a vida é vida em qualquer lugar, a vida está em nós mesmos e não fora. Ao meu lado haverá pessoas, e ser homem entre elas e assim permanecer para sempre, quaisquer que sejam os infortúnios, sem perder a coragem nem cair em desânimo – eis em que consiste a vida, em que consiste seu objetivo.*

Este será o nosso ideário: um livro no qual o amor seja imbricado com a vida de maneira indissolúvel. Páginas que contenham a paixão pela escrita e que se derramem em manifestação do amor presente na prática da psicoterapia. Da transformação vivida pelos pacientes diante do acolhimento e do cuidado, pequenos detalhamentos de amor presentes na prática do psicoterapeuta e dos profissionais da saúde em geral.

[2] DOSTOIEVSKI, F. *O idiota*. São Paulo: Editora 34, 2002.

Capítulo 1

Os Novos Paradigmas do Amor

Eu quero da vida o teu sorriso
doce... o mesmo que você exibe
quando te estreito em meus braços...
quero passear pelo teu corpo do
mesmo modo como caminho
pela serra nas manhãs e madrugadas...
sentindo cada detalhe da caminhada
com um prazer que nunca se exaure... e
*sempre se renova...**

* ANGERAMI, V. A. (org.) *Atualidades em psicologia da saúde*. São Paulo: Thomson Learning, 2004.

1.1 Considerações Iniciais

Ao se pensar em um livro abordando as relações amorosas no âmbito da psicoterapia, ocorre inicialmente definir que parâmetros epistemológicos irão tecer nossas reflexões e como as diferentes manifestações amorosas serão enfeixadas nesse constitutivo epistemológico. Como se definir operacionalmente uma relação amorosa e como conceituá-la de modo abrangente e pertinente às nossas reflexões, tentando, ainda, acoplá-las a novas pontuações teórico-filosóficas? Poderíamos, então, a partir desse escopo epistemológico, criar novos conceitos de definição e análise de amor. Também seria possível um novo estabelecimento de paradigmas que podiam se prestar ao modo como a nossa análise seria concebida. E tudo isso sem cairmos na tentação simplista de nos escorarmos em métodos tradicionais que, inclusive, nos desviam de nossos propósitos iniciais – criar uma nova concepção de reflexão que avance além dos atuais parâmetros de análise.

As nossas digressões reflexivas são embasadas na ótica fenomenológico-existencial e nos estudos de fenomenologia da percepção desenvolvidos por Merleau-Ponty. E certamente dimensionarão os contornos epistemológicos sobre a condição do amor de tal forma que, embora tais configurações não sejam consoantes com as publicações vigentes, principalmente as de psicanálise e cognitivo-comportamental, irão se configurar em um novo olhar sobre as relações amorosas. Um guia de estudo e reflexão no qual a questão epistemológica ganhará configuração a partir dos determinantes que estruturarão nossas análises. É dizer que, ao nos debruçarmos sobre as questões que envolvem as relações amorosas no âmbito da psicoterapia, estamos buscando as especificidades da cada detalhamento para que nossa análise contemple o maior número possível dos aspectos a ela inerentes.

Nossa experiência em psicoterapia nos lança em um patamar no qual as nossas responsabilidades sociais se tornam contundentes, tanto no tocante à propagação de novos pontos de reflexão como, inclusive, em seus aspectos libertários. Tornam-se, então, instrumentos que lancetam a nossa perspicácia rumo à construção de novos paradigmas e ditames do saber nessa área. Merleau-Ponty[1] assevera que o sentir é essa comunicação vital com o mundo que o torna presente para nós como lugar familiar de nossas vidas. É a ele que o objeto percebido e o sujeito que percebe devem sua espessura. Ele é o tecido

---

[1] MERLEAU-PONTY, M. *Fenomenologia da percepção*. São Paulo: Martins Fontes, 1999.

intencional que o esforço do conhecimento procurará decompor. Nesse sentido, há que se contrapor que as nossas buscas reflexivas não podem ser balizadas que não apenas pela percepção e o sentir dos próprios fenômenos.

1.2 O Amor Diante do Cientificismo

Vivemos a era da informática com os computadores robotizando a própria essência humana. A máquina robotizada em que o homem se transformou é dissolvida apenas quando o amor é sentido em suas entranhas[2].

Merleau-Ponty[3] faz um contraponto com o saber científico e coloca que, primeiramente, a ciência foi apenas a continuação ou a amplificação do movimento constitutivo das coisas percebidas. E, assim como a coisa é o invariante de todos os campos sensoriais e de todos os campos perceptivos individuais, o conceito científico é o meio de fixar e de objetivar os fenômenos. No entanto, a ciência, no campo do conhecimento das relações humanas, define um estado teórico de corpos que não estão submetidos à ação da emoção e de outras manifestações sensoperceptivas e, portanto, excludentes da condição humana que, antes de qualquer outra definição, é emoção. O sentir, assim, está colocado em uma condição de eqüidistância dos fatos e da própria análise do fenômeno humano, o que significa dizer que tenta se analisar a condição humana excluindo-se o que ela mais tem de humano, a emoção e o sentir sensoperceptivo.

A compreensão dos fenômenos que incidem sobre as relações amorosas será a nova determinante das configurações de abrangência de sua ocorrência. Abarcaremos uma gama significativa de variáveis presentes na teia em que se formam as relações amorosas para imbricá-las em uma dinâmica de compreensão sempre tangenciada pelos princípios existencialistas. Rey[4], de outra parte, ensina que a definição qualitativa da investigação, do diagnóstico e das práticas psicológicas é uma opção epistemológica, teórica e ideológica diante das práticas quantitativas dominantes em psicologia.

2 ANGERAMI, V. A. *Psicoterapia existencial*. São Paulo: Thomson Learning, 2001.

3 MERLEAU-PONTY, M. Op. cit.

4 REY, G. F. *A pesquisa qualitativa em psicologia*. São Paulo: Thomson Learning, 2003.

O amor é compreendido, na maioria das vezes, por metáforas que irão configurá-lo e defini-lo a partir da percepção de quem o descreve, dessa forma são evocadas imagens de mar, estrelas, sol, lua etc.

A beleza poética das imagens, no entanto, por mais belas que sejam suas concepções, não tem o poder de dimensionar a profundidade dos sentimentos de quem ama. Nesse sentido, a tentativa de buscar uma metodologia e até mesmo padrões epistemológicos de análise é tarefa que deve, desde o seu início, estar revestida de relativismo em que as limitações perceptivas do observador traçarão a dificuldade de debruçar sobre temas tão complexos pela própria peculiaridade de sua vivência. Não podemos, assim, querer que este trabalho seja encampado pelas propostas de análises qualitativas e até mesmo pelos padrões epistemológicos buscados pela psicologia contemporânea. Tampouco esperamos que os parâmetros destes escritos sejam aceitos pelos ditames do cientificismo acadêmico, na medida em que nossa proposta de análise é totalmente metafísica, portanto antagônica a tudo que a ciência se propõe como objeto de sua investigação.

As relações amorosas serão tratadas com o ardor da nossa paixão no trato com as coisas da vida; com a sensação de plenitude que domina o nosso ser diante do mar batendo nas pedras junto às falésias; de ver a areia coberta pelas pedras recebendo o mar que acolchoa a ambos; de saber que o sol que se espelha nessas águas nos reveste de uma aura doce na qual a nossa alma se engrandece.

Relações amorosas que se encontram na faixa prateada que a lua espalha sobre as águas do mar; da junção do rio com o mar formando o mangue e das misturas de suas águas que, em princípio, são distintas e com diferenças bem acentuadas de coloração, mas que depois se fundem e tornam imperceptíveis tais diferenças; de como naqueles momentos em que ainda não é noite e também já não é mais tarde podemos perceber a Antáris no prenúncio da constelação de Órion sinalizando um verão de sol, sal e amor.

Mais uma vez ficará devendo àqueles que cobram de nossos escritos um rigor acadêmico ou mesmo sua adequação aos princípios científicos. Embora nossas limitações sejam empecilhos para tais propósitos, a nossa paixão pulsante pela liberdade do expressionismo dos sentimentos daquilo que descrevemos é, de fato, o impeditivo maior para tais enquadramentos. Escrever sentado na praia empunhando um caderninho e uma simples caneta em uma situação de total integração com a praia e o mar é acinte aos trabalhos produzidos pelo autor diante da tela do computador. Ter o material de trabalho com suas inúmeras referências bibliográficas espalhadas na esteira de praia com a areia tocando e tingindo suas páginas é por demais irreal diante do cientificismo acadêmico e de seu pragmatismo teórico.

Dias tingidos de azul, dias de paz. Azul no céu e na alma. A esperança colorida do verão trazendo novas reflexões sobre o amor. E essa paixão certamente tocará a todos que se debrucem sobre estes escritos em busca de análise reflexiva acerca das relações amorosas no contexto da psicoterapia. E um longo passeio iniciado nas praias de Jacumã, passando por João Pessoa e com término na Serra da Cantareira nos levará por letras e linhas nas quais as vivências das relações amorosas serão os nossos fios condutores em busca de novos paradigmas para a prática da psicoterapia. Gadotti[5] coloca que os intelectuais não dão muito valor aos temas óbvios do cotidiano. A intelectualidade procura temas mais absolutos nos quais o "eu" pode ser abolido. No entanto, ao falarmos de amor, a nossa presença pessoal não pode ser abolida. O amor é, assim, tema falado e vivido por milhares de pessoas, mas não é sustentado nas lides acadêmicas. É discurso abandonado, desprezado, vazio, ignorado e achincalhado pela intelectualidade. Fala-se de teses envolvendo o poder econômico, algumas manifestações interpessoais, conhecimento, ditames científicos, mas sobre o amor, valor absoluto da vida, nenhuma palavra.

[5] GADOTTI, M. *Dialética do amor paterno*. São Paulo: Cortez, 2003.

Capítulo 2

Sobre o Amor

Eu quero acordar pela
manhã e tocar teu corpo...
sentir os teus seios junto
ao meu peito... abraçá-la
fortemente e sentir toda a
emoção desse gesto... gesto que
a repetição não consegue
tornar monótono...
sua emoção é contínua...
e aquece a alma diante das
incertezas do caminho... eu quero
sentir a suavidade que estou
lucidamente enlouquecido de
amor... lucidamente lúcido
de que a própria Natureza
homenageia esses momentos...
manhãs que acordo ao teu
lado... manhãs que fazem com
que eu me sinta um homem
tornado menino... um deus
transformado em homem...
de ver teu gesto tão
trivial e tão encantador
de molhar os biscoitos no café,
para melhor saboreá-los...
de cortar o queijo branco para
acompanhar a gelatina...
e de sempre tecer comentários
sobre meu prazer
diante da gemada com vinho...
de me chamar de moleque...
de dizer coisas tão queridas e tão
cheias de encanto... de admirar
os pássaros que vêm comer as
migalhas de pão que deixamos
na janela... de querer ouvir
*a música da Chiquinha Gonzaga...**

---

* ANGERAMI, V. A. A *psicoterapia diante da drogadicção*. São Paulo: Thomson Learning, 2003.

2.1 Considerações Iniciais

Na língua portuguesa, quando citamos a palavra amor, estamos igualmente fazendo referência a todas as manifestações existentes nessa definição. Incluímos nessa conceituação o erotismo, a fraternidade, a amizade, o paternalismo etc. E indistintamente falamos de amor para qualquer manifestação que minimamente implique manifestação amorosa sem qualquer distinção das diferentes formas de amar. E temos ainda a agravante de que, ao fazermos referência à palavra amor, na quase totalidade das vezes, o referencial de compreensão é o amor erótico. Dizemos "fazer amor" em uma referência ao ato sexual; a relação sexual é, assim, um ato de amor. Do mesmo modo, quando estou vivendo uma relação de namoro, faço referência a "uma relação amorosa".

Ao mesmo tempo, usamos a expressão amor para definir a dedicação de um pai ao seu filho, a de um missionário que se embrenha na selva em ajuda aos desfavorecidos, aqueles que dedicam parte do tempo de suas vidas a atividades com enfermos, excluídos sociais etc. Tudo é amor, no entanto, diferente em suas manifestações e asserções.

Merleau-Ponty[1] ensina que no contato absoluto de mim mesmo comigo, a identidade do ser e a do aparecer não podem ser postas, apenas vividas aquém de qualquer afirmação. Portanto, em ambas as partes é o mesmo silêncio e o mesmo vazio. É dizer que o significado que estou conferindo à vida é efetivado a partir dos constitutivos que estabelecemos e que são determinados pelas buscas que realizamos ao longo da própria existência. E as diferentes manifestações do amor são os sustentáculos que nos direcionam a novas perspectivas em nossas vidas. Muitas vezes a dificuldade de expressar diferentes formas de amor deriva principalmente dos diferentes significados atribuídos ao termo.

Dessa maneira, podemos até mesmo afirmar que o amor é seguramente uma das maiores buscas humanas de realização. E, embora não tenha uma definição operacional absoluta, é buscado da forma como a percepção apreende e conceitua como real e verdadeiro. Em alguns casos, até mesmo sua definição, além das metáforas que citamos anteriormente, é conceituada a partir da efetivação de determinados atos. Assim, definiremos como sendo ato de amor, por exemplo, o simples gesto de uma pessoa que minimamente mostra preocupação com alguém que está adoentado, ou seja, na

1 MERLEAU-PONTY, M. *Fenomenologia da percepção*. São Paulo: Martins Fontes, 1999.

falta de um balizamento preciso sobre possíveis freqüências do amor, buscam-se nos gestos e atitudes sinais exteriores que possam se tornar constitutivos de uma definição conceitual. No entanto, de acordo com esse exemplo, podemos afirmar que a demonstração formal de preocupação pode simplesmente ser algo que se viabiliza valendo-se de determinados interesses e que, na realidade, não existe um sentimento que seja verdadeiro e possa ser definido como sendo amor.

A busca de sinais exteriores fixos para se conceituar o amor é, sem dúvida alguma, um dos determinantes que mais podem provocar equívocos nesse questionamento. Assim, por exemplo, em um velório, diante do corpo do pai falecido, será considerado o que mais amava o progenitor aquele que derramar um choro intenso e compulsivo; aquele que não se debulhar em lágrimas será definido como um filho que verdadeiramente não amava o pai com a mesma intensidade. Entretanto, esses sinais nada podem significar, pois o fato de chorar nada mais significa que não uma condição emotiva na qual a confluência de variáveis induz às lágrimas, sem condição, todavia de balizar maior ou menor condição de amor. É fato, porém, que o amor é expresso por determinados sinais exteriores que, de alguma maneira, definem a condição de afeto presente nos relacionamentos. Um abraço afetuoso é sinal indubitável de amor, do mesmo modo que um beijo e um afagar de mãos. Não pode haver amor se não houver manifestações que demonstrem esse sentimento.

2.2 O Amor e o Cuidar

Fazei-me instrumento da tua paz.
Onde houver ódio que eu leve a paz.
Onde houver desespero que eu leve a esperança.

São Francisco de Assis

Entre as diferentes manifestações do amor, além das expressões gestuais, vamos encontrar o *cuidado* com o outro em toda a abrangência que isso possa significar. Não é possível se falar em amor sem o *cuidar*. Podemos até mesmo afirmar que amar, antes de qualquer outro significado e conceito, é *cuidado*; é ter a preocupação com o outro no sentido de preservá-lo de sofrimentos; é dar ao outro uma centelha de afeto que se constitui nos aspectos que envolvem a busca de uma ascese na própria condição humana; é *cuidar* para que o outro seja considerado, antes de qualquer conceituação, como sendo humano. *Cuidado* é algo mais que um ato e uma atitude entre outras. Heidegger[2] ensina que, do ponto de vista existencial, o cuidado se acha *a priori*, antes de toda atitude e situação do ser humano, o que significa dizer que está em toda atitude e situação de fato. Ou, ainda, nas palavras de Boff – que assevera:

> *(...) o cuidado se encontra na raiz primeira do ser humano, antes que ele faça qualquer coisa. E, se fizer, ela sempre vem acompanhada de cuidado e imbuída de cuidado. Significa reconhecer o cuidado como um modo-de-ser essencial, sempre presente e irredutível à outra realidade anterior. É uma dimensão frontal, originária, ontológica, impossível de ser totalmente desvirtuada*[3].

De outra parte, ao fazermos o enfeixamento do amor com o *cuidar*, estamos indo ao encontro dos novos esforços dos pensadores e teóricos da psicologia com intuito de humanização das relações interpessoais. É dizer que estamos falando de amor com a preocupação de delimitarmos o *cuidar* como condição essencial para que todas as demais reflexões possam ser acolhidas em tais parâmetros.

Buber apud Angerami[4] assevera que toda relação atual com um ser, presente no mundo, é exclusiva. O seu Tu é destacado, posto à parte, o único existente diante de nós. Ele enche o horizonte, não como se nada mais existisse, mas tudo o mais vive na sua luz. É dizer que o amor se torna a completude que transforma a condição humana em excelsitude divina. E, ainda que não se possa concebê-lo com base em teorizações, a sua vivência é algo que transborda a emoção em níveis de transcendência e ascese espiritual.

2.3 O Amor e os Romances

> *Aquela cabeça que criava, que vivia a vida suprema da arte, que era consciente e habituara-se às demandas superiores do espírito, aquela cabeça já havia sido cortada do meu pescoço. Restaram a memória e as imagens criadas e ainda não concretizadas por mim. Elas haverão de me ulcerar, é verdade! Mas em mim restaram*

[2] HEIDEGGER, M. *O ser e o tempo*. Petrópolis: Vozes, 1986.
[3] BOFF, L. *Saber cuidar: ética do humano – compaixão pela Terra*. Petrópolis: Vozes, 1999.
[4] ANGERAMI, V. A. *Psicoterapia existencial*. São Paulo: Thomson Learning, 1999.

o coração e aquele sangue e carne que podem amar, e sofrer, e compadecer-se e lembrar-se, e isso é vida apesar de tudo. On voit lê soleil[5].

Fiódor Dostoievski

Pode-se dizer que o mérito maior dos grandes romancistas foi justamente conseguir transformar sentimentos em narrativa, envolvendo em seu enredo a imensa teia de detalhamentos presente na condição humana. Dostoievski, Tolstoi, Jorge Amado, Clarice Lispector e Stendhal, entre outros, conseguiram transformar a pulsão humana do amor em enredos indescritíveis pela própria razão.

Merleau-Ponty mostra

> *(...) que um romance exprime tacitamente como um quadro. Pode-se contar o tema do romance como o do quadro. Mas o que importa Julien Sorel*[6]*, ao saber que foi traído por Madame de Rênal, vá a Verriéres e tente matá-la – e, após a notícia, o silêncio, a viagem de sonho, a certeza sem pensamentos, a resolução eterna. Ora, isso não está dito em nenhum lugar. Não há necessidade de "Julien pensava", "Julien queria". Basta, para exprimi-lo, que Stendhal se insinue em Julien e faça aparecer diante de nossos olhos a velocidade da viagem, os objetos, os obstáculos, os meios, os acasos*[7].

O romancista mantém com seu leitor, todos os homens com todos os homens, uma linguagem de iniciados, no mundo, no universo dos possíveis sentimentos detidos em um corpo humano, em uma vida humana. Pressupõe conhecido o que tem a dizer, instala-se na conduta de uma personagem e apenas apresenta ao leitor a sua marca, seu rastro nervoso e peremptório no que a cerca. Se o autor é escritor, isto é, capaz de encontrar as elisões e as censuras que assinalam a conduta, "o leitor responde ao seu apelo e vai ter com ele no centro virtual do escrito, mesmo que ambos não o conheçam"[8].

Um romance verdadeiramente nos oferece emblemas cujos significados nunca terminamos de desenvolver e resolver. Ele se instala em nós e nos remete

---

5 Há sol (em francês).

6 Merleau-Ponty, nesse trecho, faz referência a Julien Sorel, personagem de O *Vermelho e o Negro*, de Stendhal, seguramente um dos maiores romances de todos os tempos.

7 MERLEAU-PONTY, M. *Signos*. São Paulo: Martins Fontes, 1999b.

8 Idem.

a um mundo cuja chave não possuímos, ensina-nos a percebê-lo e até mesmo a pensar como nenhuma obra analítica é capaz de fazê-lo, porque a análise encontra no objeto apenas o que nele pusemos. A literatura é uma linguagem conquistadora, devastadora, que nos envolve com perspectivas alheias, em vez de confirmar nossos valores e expectativas. Se tomarmos a eloqüência com que Dostoievski descreve suas personagens e o constitutivo de seus sentimentos, veremos que a colisão daquilo que sentimos com que está sendo exprimido em sua narrativa, na qual as suas falas são de entendimento mútuo e fluente, quando é complexa e conflituosa com linguagem proporcionalmente complexa e geralmente cáustica, nada mais é que a expressão da condição humana de maneira única e inigualável. Não é acaso o fato de os grandes teóricos da psicologia e psicoterapia perseguirem esses autores em busca de luz para suas reflexões. Para se ter uma pequena dimensão dessas colocações, existe o fato de Ronald Laing, notório psiquiatra inglês que, com outros colegas, sedimentou a base daquela que seria a antipsiquiatria, hoje transformada em um movimento mundial e multiteórico denominado Luta Antimanicomial, afirmar que despertou para a realidade das falsas concepções sobre loucura a partir da leitura de um romance de Dostoievski intitulado *O sonho do príncipe*. Segundo suas palavras, a partir dessa leitura ele foi em busca de novos rumos para sua perspectiva psiquiátrica, culminando, então, no estudo dos escritos de Sartre para criar toda uma contestação à psiquiatria tradicional e que se originou na vertente denominada antipsiquiatria[9]. E mesmo em outras obras, a influência dos grandes romances sempre se fez presente. Em *O eu e os outros*[10], por exemplo, Laing tece suas asserções teóricas a partir de trechos de *Crime e castigo*, de Dostoievski.

De outra parte, se tomarmos a obra de George Sand[11], veremos que a maneira como abordou a condição humana é de tamanha envergadura que os teóricos em psicologia e psicoterapia que se debruçam sobre sua obra engrandecem a maneira ímpar e perspicaz com que aborda os detalhamentos da alma

---

9 Da obra de Ronald Laing podemos citar *Razão e violência*, *O eu dividido*, *Laços* e *Antipsiquiatria*, todos editados no Brasil pela Editora Vozes. *Razão e violência*, inclusive, possui apresentação escrita pelo próprio Sartre que destaca, então, a importância da obra, ressaltando que ela conduz à construção de uma psiquiatria mais humana.

10 LAING, R. D. O *eu e os outros*. Petrópolis: Vozes, 1982.

11 George Sand era o pseudônimo usado por Aurora Dupin e, embora fizesse parte do mesmo círculo de Flaubert, Saint Beuve, Franz Liszt e outros, era obrigada a usar esse nome masculino para ter suas obras publicadas. Liszt apresentou Fryderyk Chopin a ela. Nesse tempo, chegado havia pouco da Polônia, o músico tinha 26 anos. Não passava de um jovem compositor de quem muito se esperava. Foram para a ilha Mallorca; depois, em Marselha, viveram juntos por muitos anos. Ao mesmo tempo em que a música de Chopin era admirada por toda a Europa, George Sand tornava-se a escritora mais célebre da França, Alemanha, Itália e Rússia.

humana. Um de seus principais romances, intitulado *Ele e ela*, narra a trama de um casal naquilo que é peculiar na maioria dos relacionamentos, ou seja, mostra inicialmente todo o processo de sedução e envolvimento e, na seqüência, o esgarçamento da relação e a deterioração da própria condição humana diante dos conflitos e da dificuldade de separação. Trata-se de uma obra que deveria ser indispensável a todos que se propõem a atender pessoas em crises conjugais, pela própria maneira como detalha o processo de esmaecimento de uma relação, que se mostra cheia de cores e luz em seu início, e se perde na penumbra ao longo do caminho.

Sartre, sem dúvida alguma um dos maiores pensadores do século XX, igualmente não abriu mão da possibilidade de se expressar por meio de romances. Embora seja único nesse aspecto – de ser ao mesmo tempo um grande filósofo e um grande romancista –, é fato que muitas das suas concepções filosóficas são encontradas e espraiadas ao longo de seus romances[12], o que torna obrigatória sua leitura a todos que desejam melhora da condição humana. Não há como se buscar uma compreensão da condição humana sem que se detenha em uma leitura apurada e aguçada das obras de Sartre. E mesmo Freud, que tem suas idéias contestadas em diversos níveis no campo da psicologia e psicoterapia, é sempre apontado como um grande escritor, cuja narrativa é digna dos grandes romancistas. Infelizmente, o gênio austríaco não nos legou nenhuma obra romanesca, o que, a exemplo de Sartre, seria uma contribuição inegável a todos que buscam os meandros da condição humana e que não têm acesso a obras filosóficas mais densas e muitas vezes inacessíveis.

Merleau-Ponty ensina que

> *(...) romance como relato de acontecimentos, como enunciado de ideais, tese ou conclusões, como significação manifesta ou prosaica, e o romance como operação de um estilo, significação ou oblíqua ou latente encontra-se numa mera relação de homonímia. Foi isso que bem compreendeu Marx quando adotou Balzac. Não se tratava, podemos acreditar, que não se tratava de algum artifício de liberalismo, Marx queria dizer que certa maneira de mostrar o mundo do dinheiro e os conflitos*

12 Entre os principais romances de Sartre, podemos citar A *náusea*, *Sursis* e A *idade da razão*, que formam a chamada trilogia da liberdade. Além de romancista, Sartre foi um grande dramaturgo. Uma de suas principais peças teatrais intitula-se *Entre quatro paredes*, nela, uma das personagens afirma, diante do sofrimento imposto pelo confinamento, que "o inferno são os outros", frase que, descontextualizada de sua personagem, tornou o autor alvo de inúmeras objeções de seus críticos.

> *da sociedade moderna importava mais do que as teses, mesmo políticas de Balzac, e que tal visão, uma vez adquirida, traria suas conseqüências, com ou sem o consentimento de Balzac*[13].

É dizer que encontraremos resquício dos romancistas nos escritos de todos os autores, por mais que seus postulados pareçam distantes de todo e qualquer enfeixamento com esses.

De outra parte, no que se refere à produção nacional, não há querer entender-se a alma brasileira sem se debruçar sobre a obra de Graciliano Ramos[14] ou tentar compreender o barroco mineiro sem a leitura de O *rio do tempo*, obra na qual Hernani Donato, de modo exuberante, mostra toda a grandiosidade de Aleijadinho, o maior artista do barroco mineiro, com sua dor, angústia, verbe libertária e rompantes de grandiosidade e sofrimento.

2.4 O Amor na Filosofia

No campo da filosofia vamos igualmente encontrar inúmeras citações que contemplam o amor como alvo de suas explanações. Pascal, Buber, São Tomás de Aquino, Santa Tereza D'Ávila, Santo Agostinho, Marcel, Jaspers e Kierkegaard, entre outros, dedicaram grande parte de seus escritos à reflexão sobre o amor e suas manifestações na vida humana.

Kierkegaard, refletindo sobre o envolvimento interpessoal, coloca que o objetivo da vida é amar escrevendo

> *essa deve ser a minha obra; aprendendo a amar, ela aprenderá a amar-me; à medida que ela prende a regra, desenvolver-se-á o modelo, e esse modelo sou eu. Ao sentir no amor toda a sua própria importância, irá aplicá-la para me amar, e, quando compreender que foi comigo que o aprendeu, me amará em dobro. O pensamento da minha alegria futura sufoca-me de tal modo que quase perco o comando sobre mim mesmo*[15].

Mesmo naqueles autores que sistematizaram reflexões nas quais a predominância era a razão, vamos encontrar citações com grande destaque ao

---

13 MERLEAU-PONTY, M. Op. cit.

14 Entre a obra de Graciliano Ramos, certamente *Vidas secas* é a que mais se destaca nessa empreita de busca pela compreensão da alma humana.

15 KIERKEGAARD, S. *Diário de um sedutor*. São Paulo: Martin Claret, 2002.

amor. Platão, por exemplo, em *O banquete*[16], narra a reunião de um grupo de atenienses a fim de celebrar um êxito dramático do anfitrião. Em dado momento da celebração, os cômicos são dispensados e propõe-se que cada um dos convivas, entre os quais Sócrates, faça um discurso louvando o amor. Ele então coloca que o amor é um símbolo de carência ou necessidade, e não de perfeição ou plenitude. Amar é desejar e desejar é buscar; mas ninguém procura o que já tem. Buscamos apenas o que nos falta. O amante, obviamente, pode entrar em posse do corpo da amada, mas, mesmo assim, é inflamado pelo desejo de perpetuar sua ventura e continua a buscar uma futura felicidade, que, enquanto futura, permanece fora de seu alcance[17].

Para Platão é necessário distinguir três classes de amor: o do corpo, o da alma e outro que é a mistura dos dois; em todo caso é o desejo de algo que não se possui. O amor é o luxo da pobreza e da abundância, é um oscilar da possessão à não-possessão, do ter ao não ter. Em sua aspiração ao objeto amado, o ato de amar é fecundo e gera beleza. Em definitivo, o amor às particulares e aos seres humanos concretos é apenas um reflexo ou participação do amor à beleza absoluta, que é a *Idéia* do Belo em si.

De outra parte, em seu discurso, Sócrates[18] coloca que, desde que a meta do amante é a beleza do corpo de outrem, ele está fadado ao desapontamento, pois a beleza física logo fenece. Ainda quando o objetivo é a beleza da alma de outrem, o amante está fadado, igualmente, à desilusão inelutável. Uma alma bela pode sobreviver à decadência do corpo; mas ela também, a seu modo, é um objeto frágil e finito. O amante só pode estar seguro se o objeto de sua procura é a *Idéia* pura, simples e eterna, da beleza, um objeto transcendente do qual as coisas finitas não passam de cópias perecíveis e imperfeitas. O amor seria, assim, a pura contemplação da beleza pura e absoluta, a contemplação da beleza divina, não contaminada por nada impuro e que transcende todo o concreto.

De maneira geral, vamos encontrar em quase todos os filósofos gregos referências ao tema do amor, entendido como princípio que governa a união dos elementos naturais e como princípio de relação entre os seres humanos. Ressalte-se, no entanto, que, depois de Platão, somente aqueles autores tidos como platônicos e neoplatônicos consideraram o amor um conceito funda-

---

16 *Platão*. Coleção Os Pensadores. São Paulo: Nova Cultural, 2005.

17 Ibid.

18 Ibid.

mental, embora esse estivesse presente em outros autores como Sartre e Merleau-Ponty, por exemplo.

Mora[19] coloca que Empédocles foi o primeiro filósofo que utilizou a idéia de amor em um sentido cósmico-metafísico; considerava ele que o amor e o conflito ou luta eram princípios, respectivamente, da união ou separação dos elementos que constituem o universo. Sartre[20], o principal arauto do existencialismo contemporâneo e um dos principais filósofos de todos os tempos, coloca o amor em sua análise do "ser-para-outro", isto é, nas relações concretas do "para si" com o "outro". E coloca que, como toda relação concreta, o amor é um conflito que coloca os seres humanos frente a frente e, ao mesmo tempo, os liga, estabelecendo uma relação direta com a liberdade do "outro". Para Sartre, cada ser humano existe pela liberdade de outro, e essa liberdade fica comprometida no amor. A tendência de capturar ou escravizar a consciência do outro, aliás, conceito esse já presente nos escritos de Platão, não visa transformá-lo em autômato, mas apropriar-se de sua liberdade como liberdade. É um pressuposto que não se pretende atuar sobre a liberdade do outro, mas somente existir *a priori* como limite objetivo dessa liberdade. O amor requer a liberdade do amado, quer dizer, o amante necessita ser livremente amado pelo objeto do seu amor. Entretanto, existe aí um grande paradoxo: uma vez que se pretende ao mesmo tempo ser amado necessariamente e não de modo contingente, destrói-se a liberdade que se postulava. Assim, o conflito que o amor revela é o conflito da liberdade. E ao longo dos séculos, por meio dos mais diferentes escritos e autores, o amor foi idealizado e conceituado como uma elevação da alma em suas mais diferentes manifestações.

Rubem Alves[21], um dos grandes nomes da literatura brasileira contemporânea, também vai nessa direção e, em uma crônica belíssima sobre o amor, na qual efetiva uma comparação entre o jogo de tênis e o frescobol, partindo de uma premissa de Adélia Prado que afirma que *erótica é a alma*, estabelece, então, contrapontos muito interessantes sobre o sentido do companheirismo presente no amor, e o erotismo e o envolvimento da alma acima do simples prazer definido como físico. Embora suas reflexões sobre o amor sejam tecidas em crônicas livres, em muito contribuem para que novas conceituações possam ser estabelecidas e, desse modo, clareadas à luz de sua contemporaneidade.

---

19 MORA, J. F. *Dicionário de filosofia*. São Paulo: Martins Fontes, 2001.
20 SARTRE, J. P. *O ser e o nada*. Petrópolis: Vozes, 1998.
21 ALVES, R. *O retorno e terno*. Campinas: Papirus, 1999.

Buber também mostra, nesse sentido,

> *que a palavra princípio EU-TU só pode ser proferida pelo ser na sua totalidade. A união e a fusão em um ser total não podem ser realizadas por mim e nem pode ser efetivada sem mim. O EU se realiza na relação com o TU; é tornando EU que digo TU. Toda vida atual é encontro*[22].

De outra parte, em uma publicação anônima do século XVIII, intitulada *Teresa filósofa*[23], no Brasil prefaciada por Renato Janine Ribeiro, temos um claro exemplo de como a questão do amor erótico era tida como algo revestido de bastante preconceito, aura essa que praticamente se estende até os dias de hoje. A autoria da obra é atribuída ao senhor Jean Baptiste de Boyer, o marquês D'Argens que, na tentativa de preservação de sua imagem, publica essa obra no anonimato, colocando questões consideradas libertinas para a época e que mostram claramente a própria dificuldade de se abordar questões inerentes ao desejo e seus desdobramentos na condição humana. Outro autor importante, não pela exuberância de suas idéias e obra, mas por ter trazido a filosofia para a realidade mundana, é Marquês de Sade. Sua obra *A filosofia na alcova*[24], escrita em forma de romance, traz reflexões filosóficas envolvendo situações eróticas. Trata-se de um marco relevante por romper com barreiras muito fortes e estanques que não permitiam que o amor erótico fosse discutido no âmbito filosófico.

De outra parte, Sartre apud Angerami ensina que

> *algumas atitudes humanas como o desejo físico, a indiferença e o amor são, de uma forma ou outra, alguma modalidade de sadismo ou masoquismo, e todas elas são fadadas à frustração, em última análise pelas mesmas razões. Querer ser amado é querer colocar-se para além de todo o sistema de valores de outro e ser tomado como condição de toda valorização e o fundamento objetivo de todos os valores*[25].

---

22 BUBER, M. *Eu e tu*. São Paulo: Cortez & Moraes, 1979.
23 *Teresa filósofa*. São Paulo: L&PM, 1991.
24 MARQUÊS DE SADE. *A filosofia na alcova*. São Paulo: Iluminuras, 2003.
25 SARTRE, J. P. Op. cit.

O objeto de apego da alma é, por assim compreender e definir, a meta que determina os aspectos que possam envolver, ou então, ao contrário, enfeixar as razões de toda uma existência[26].

As diferentes modalidades em que o amor se manifesta são indícios de que é necessária uma separação entre os seus diferentes significados para uma compreensão mais abrangente da manifestação amorosa. Citamos anteriormente que a língua portuguesa não faz distinção entre as diferentes manifestações do amor. No entanto, fazemos uma junção de nomes para diferenciá-los. Assim, definimos o amor fraterno, o amor paterno e materno, o amor erótico e o amor a si próprio. Na língua grega, de outra parte, vamos encontrar três concepções distintas de amor: *eros*, *filia* e *agápe*[27]. E de forma bastante abrangente, essas concepções de amor englobam as diferentes manifestações amorosas. Por outro lado, voltando às concepções encontradas na língua portuguesa com as diferentes junções da palavra amor aos diferentes adjetivos que procuram diferenciar suas manifestações, temos que, ao definir o amor em ocorrências tão diversas, estamos indo ao encontro dessa conotação filosófica de separação conceitual dessas diferentes manifestações. Desse modo, ao falarmos de amor fraterno, estamos clarificando uma conceituação de amor que o difere drasticamente do amor erótico, por exemplo. Igualmente, ao falarmos do amor solidário, fazemos uma diferença frontal ao amor erótico.

A questão que se mostra bastante contundente, quando refletimos sobre a temática do amor, é que sua manifestação erótica torna-se aquela que mais resplende e deixa as demais em situação de total sucumbência. Seja em razão de preconceitos morais, seja por total falta de melhor definição, o fato é que, ao fazermos referência ao tema do amor, surge quase que concomitantemente referência alusiva à sua manifestação erótica. Não queremos com essas afirmações minimizar a importância do erotismo na condição humana; apenas queremos enfatizar a necessidade de ampliação de nossos conceitos para que as diferentes manifestações amorosas sejam contempladas em sua totalidade de abrangência.

No tocante ao campo da psicoterapia, amor é praticamente uma palavra maldita, pois, ao afirmarmos ser necessário que o psicoterapeuta ame o seu paciente, a conotação de erotismo surge imediatamente e lança uma pecha de promiscuidade a esse relacionamento. No entanto, sem amor, a relação psicoterapêutica não se desenvolve. A questão que se coloca, então, é: a que mani-

---

[26] SARTRE, J. P. Op. cit.

[27] Uma reflexão mais sistematizada sobre a concepção grega de amor e, por assim dizer, a concepção filosófica que norteia os pensadores contemporâneos que escreveram sobre essa temática, será desenvolvida nos próximos capítulos deste livro.

festação amorosa se faz referência quando afirmamos que o amor é condição indispensável para que a psicoterapia se desenvolva[28]?!

2.5 O Erotismo na Psicoterapia

A vivência erótica no âmbito da psicoterapia, no entanto, é simplesmente desprezível, pois conspurca todos os seus princípios. Evidentemente em todas as atividades humanas existirão aqueles profissionais que se envolvem com pacientes e clientes de maneira erótica. No caso da psicoterapia, no entanto, é necessário deixar bem claro que ocorre uma quebra dos princípios básicos que a norteiam, ou seja, um processo no qual o psicoterapeuta tem como função básica ajudar o paciente em seu caminho libertário. A relação erótica desmorona esses fundamentos e faz com que a relação *psicoterapeuta-paciente* se torne simplesmente uma relação *homem-mulher*; deixa, então, de ser um processo envolto pelo manto protetor dos princípios de ajuda.

Frise-se ainda que qualquer profissional que quebre os vínculos profissionais de sua atividade e se envolva eroticamente com seu cliente estará utilizando o patamar superior em que se encontra para atingir objetivos que destoam do princípio do próprio relacionamento. Assim, por exemplo, um advogado que se envolva eroticamente com uma cliente que o procurou para tratar de assuntos jurídicos estará se aproveitando de sua situação – alguém que se encontra em um patamar superior ao cliente na condição de profissional que, em princípio, está em condições de ajudá-lo – para satisfazer desejos e necessidades que não são compatíveis com o exercício de sua atividade. Ao conceituarmos como desprezível a atitude do psicoterapeuta que se aproveita de sua situação para se envolver eroticamente com seu paciente, igualmente lançamos a pecha de desprezível à atitude de outros profissionais que também se aproveitam da condição de inferioridade de seu cliente para atingir tais fins. No entanto, é necessário fazer-se uma ressalva importante para aqueles casos em que surge um sentimento arrebatador e que desmoronam os princípios de qualquer relacionamento profissional. Nesses casos, o que se espera, em termos de respeito à própria dignidade humana, é que os vínculos profissionais sejam derrubados para que outra forma de relacionamento possa, então, se estabelecer.

[28] O capítulo "O Amor na Psicoterapia" desenvolve essa temática de maneira mais abrangente.

A idealização que muitas pessoas fazem da figura do psicoterapeuta já é suficiente para que ele tenha muito claro em seu campo perceptivo que o envolvimento com o paciente é questão que deve ser tratada no âmbito das possíveis ocorrências que surgem ao longo do processo psicoterapêutico. E, por assim dizer, é muito fácil ter na figura do psicoterapeuta o parceiro ideal para nossas vicissitudes, afinal, ele é alguém que nos acolhe semanalmente sem nenhuma censura aos nossos atos e que se mostra sempre disponível em um mundo no qual a maioria das pessoas não tem tempo para qualquer tipo de relacionamento interpessoal. Ademais é alguém que conhece a intimidade do paciente como ninguém, o que equivale a dizer que se trata de uma pessoa que desvenda a alma do outro de modo ímpar, e isso sempre é muito fascinante e envolvente. Na realidade, essa questão da idealização que se faz da figura do psicoterapeuta ocorre igualmente em outras atividades profissionais. É sabido, por exemplo, o fascínio que a figura do professor exerce sobre seus alunos pela exibição de seus conhecimentos e pela aura de saber de que é revestido. O mesmo ocorre com médicos, advogados, juízes etc. No âmbito da psicoterapia, a questão torna-se mais delicada pela situação de total privacidade e intimidade em que o processo se desenrola. O *setting* terapêutico é algo inviolável, o que, por si, já permite uma série de elucubrações mirabolantes sobre o processo psicoterapêutico.

Essa questão é de crucial importância para o balizamento de nossa prática como psicoterapeutas, pois é com base nessas reflexões que podemos estabelecer uma postura adequada diante desse processo de idealização e tratá-la adequadamente em seus possíveis desdobramentos. Kierkegaard[29] ensina que é pelo escândalo que principalmente se manifesta a subjetividade, o indivíduo. Ao tornarmos o envolvimento erótico na psicoterapia em algo escandaloso, concomitantemente, estabelecemos um paradigma de respeito não apenas ao processo da psicoterapia em si, mas também principalmente à figura do paciente, fragilizado e geralmente buscando nesse processo, muitas vezes, um escoramento para melhor enfrentar os desatinos da própria vida. O respeito à fragilidade do paciente deve ser, na realidade, o aspecto primordial de nossa conduta como psicoterapeutas, pois, se decidimo-nos por essa atividade, o fizemos sabendo que teríamos à nossa frente pessoas em busca de bálsamos que cicatrizassem suas chagas emocionais, e não pessoas em busca de jogos eróticos.

Indubitavelmente que o escândalo que não seja escandalizado é tão improvável de ser concebido como um concerto de flauta sem flautista. No

29 KIERKEGAARD, S. O *desespero humano*. São Paulo: Martin Claret, 2002.

entanto, até um filósofo que confessaria a irrealidade do conceito de escândalo teria como fato que ele não se torna real senão quando há alguém que se possa escandalizar. É dizer que, ao responder positivamente ao processo de idealização, o psicoterapeuta vai ao encontro de uma complementaridade que precisa ser analisada como tal e jamais vivida como se fosse um simples fenômeno muitas vezes banalizado em sua ocorrência. O escândalo, assim, é uma digressão filosófica que se torna real diante do sofrimento do paciente na vivência dessa relação idealizada e que se vê, então, exposto a atos diante dos quais, na maioria das vezes, não se encontra emocionalmente estruturado para o devido enfrentamento. Não há como se aceitar, ainda que minimamente, qualquer forma de envolvimento no relacionamento de psicoterapia que tenha o erotismo como forma de efetivação. A vivência erótica não pode estar presente em um vínculo no qual a condição de ajuda deve prevalecer sobre qualquer outra razão e balizamento.

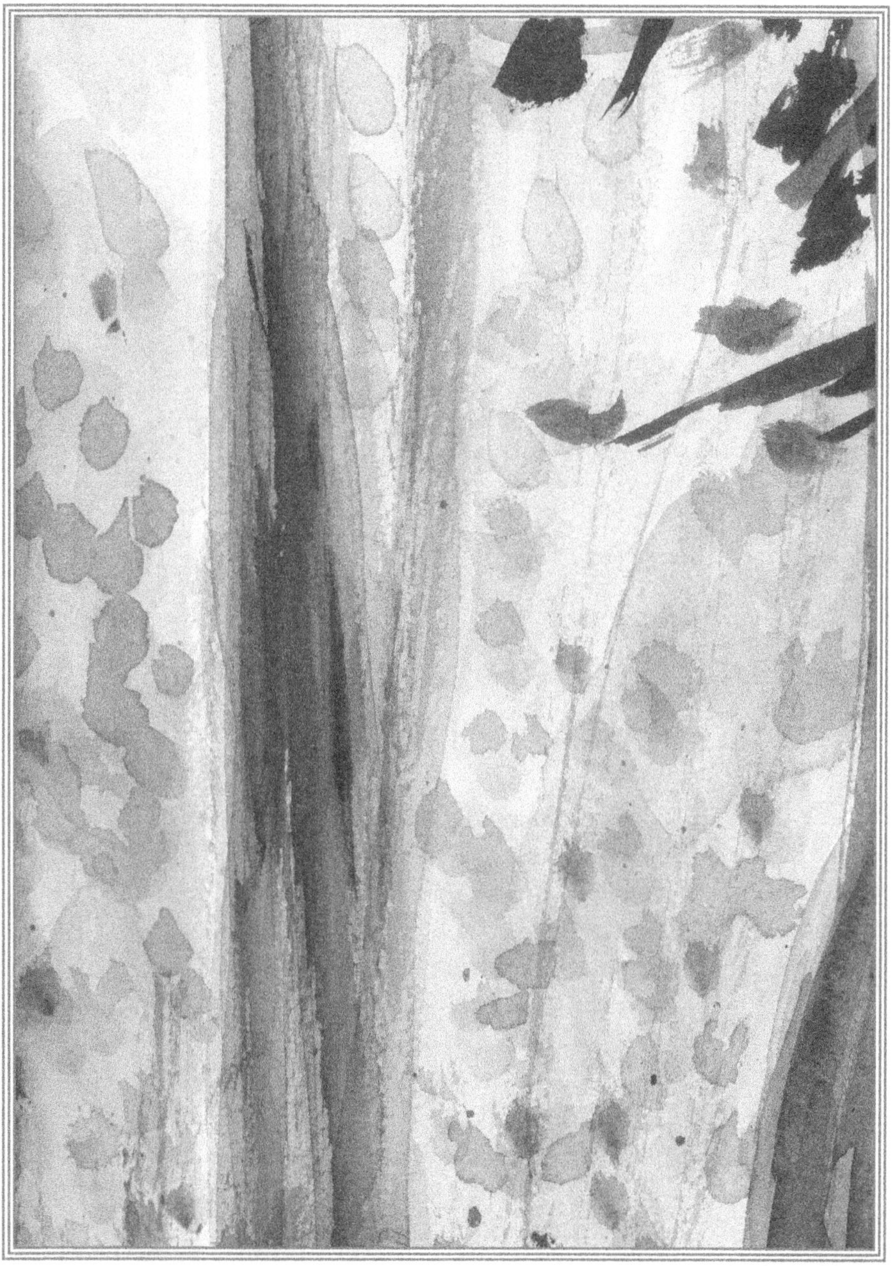

Capítulo 3

O Amor-Próprio

Eu sou o de magia do luamento
sobre a florada...
no encantamento do firmamento
e no envolvimento com as nebulosas no firmamento...
eu sou a Constelação de Escorpião mostrando
o encantamento do Inverno
no céu azulado das noites frias...
Eu sou o olorar dos craveiros
na madrugada... a brisa
que sopra nas manhãs primaveris...
a noite quente de Verão... e o orvalhar nas
noites de Outono... o meu jardim e a magia do
universo dentro do meu ser...
*e a minha condição humana...**

* ANGERAMI, V. A. A *psicoterapia diante da drogadicção*. São Paulo: Thomson Learning, 2003.

3.1 Considerações Iniciais

Boccalandro, ao refletir sobre o amor-próprio, ensina que se deve fazer uma diferenciação entre o amor por si mesmo e o amor narcísico, que coloca e isola aquele que o sente como diferente e melhor que o outro. Coloca ainda que o amor por si mesmo que deve ser buscado e valorizado *é aquele que reconhece a si mesmo como uma totalidade menor, dentro de uma totalidade maior*[1]. E mesmo entre os ensinamentos cristãos iremos encontrar uma citação que diz: "... ama o teu próximo como a ti mesmo". Colocado de outra forma, significa dizer que não é possível amar o próximo se não tivermos, concomitantemente, um grande amor-próprio. Só é possível o amor ao outro se a nossa auto-estima for elevada, se o nosso amor-próprio for pleno, o que, por si, implica dizer que somente podemos estabelecer algum tipo de relacionamento com o outro quando a aceitação da nossa condição for total. Alguém que não se ama não pode estabelecer uma relação com o outro. O outro só existirá em uma identificação com a minha condição humana, o que significa dizer que posso aceitá-lo tão-somente quando me aceitar como humano. Buber assevera que

> *(...) é aí que o Tu provindo de um profundo mistério aparece ao homem, lhe fala do seio das trevas e é aí que o homem lhe respondeu com sua vida. Aqui, muitas vezes, a palavra tornou-se vida e esta vida é ensinamento, quer ela mesma tenha cumprido a lei que a tenha transgredido – essas duas circunstâncias são, na verdade, necessárias para que o espírito não morra sobre a terra*[2].

3.2 O Amor-Próprio e a Condição Narcísea

Na atualidade, sob influência principalmente da psicanálise, muito se refletiu sobre o narcisismo e, quando se evoca a questão do amor-próprio, como citamos anteriormente a partir dos ensinamentos de Boccalandro, além dessa simples diferenciação dos fatos é necessário, igualmente, que se faça uma reflexão sobre o sentido da importância do amor-próprio considerado saudável e indispensável para o desenvolvimento humano. A psicanálise, quando reflete sobre

[1] BOCCALANDRO, M. *Vontade e qualidade de vida*. Campinas: Livro Pleno, 2005.

[2] BUBER, M. *Eu e tu*. São Paulo: Cortez & Moraes, 1979.

a questão narcísea, coloca de maneira exemplar os aspectos doentios dessa condição e nos mostra que a pessoa que apresenta tais traços é alguém privado do próprio convívio social, pois não pode ver o outro como semelhante em uma busca de similaridade e afinidades. Trata-se de pessoas que buscam no outro apenas o reconhecimento de suas possíveis qualidades e, ainda assim, sempre enfatizadas e dimensionadas a partir de seu olhar narcíseo.

Por outro lado, o amor-próprio considerado saudável é aquele que nos impulsiona rumo a novos horizontes de vida e que dimensiona, inclusive, as nossas limitações, no sentido de balizá-las para serem superadas. Ao contrário do que pareça em princípio, a consciência de nossas limitações não é depreciativa, e sim o determinante que poderá nos elevar em nossa própria condição humana. E aqui temos a bifurcação que diferencia o amor-próprio da condição narcísea: o primeiro aceita as limitações inerentes à condição humana, o outro simplesmente se vê como algo maravilhoso e que não tem qualquer defeito que possa conspurcá-lo.

O amor-próprio, assim, pode ser definido como a condição indispensável para que o outro possa ser inserido em nossa vida. É dizer que o outro só pode adquirir consistência quando o nosso amor-próprio é elevado. Não é possível outra configuração, pois o outro é, conforme nos ensina Sartre[3], *aquele que não sou eu*. É dizer que, à medida que reconheço o outro como sendo uma instância pessoal distinta de mim, eu me reconheço em sua humanidade e necessito estar com o amor-próprio bastante elevado para, a partir desse reconhecimento de humanidade, estabelecer o que Buber definiu como sendo o encontro de humanidades, ou seja, o Eu no encontro com o Tu[4]. As diferentes configurações do amor-próprio, no entanto, precisam ser compreendidas de modo amplo para que sua configuração não sofra distorções em seus diversos aspectos.

3.3 O Amor-Próprio na Psicoterapia

Ao evocarmos o âmbito da psicoterapia, temos o fato de que é condição indispensável que o psicoterapeuta seja alguém cuja auto-estima esteja em níveis bastante satisfatórios, pois do contrário será muito difícil o estabelecimento de um vínculo harmonioso que sustente o processo como um todo. É sabido da

3 SARTRE, J. P. *O ser e o nada*. Petrópolis: Vozes, 1999.
4 BUBER, M. Op. cit.

necessidade de o psicoterapeuta submeter-se a um processo pessoal de psicoterapia para entrar em contato com suas questões pessoais e refletir sobre elas, a fim de que não se tornem empecilhos para o desenvolvimento do processo psicoterápico. E seguramente, entre essas questões, um dos principais quesitos refere-se justamente ao amor-próprio, pois não há como esperar um desenvolvimento pleno de alguém que não se considere uma pessoa querida e respeitável para si mesma em primeiro lugar. Não se trata de negar os outros quesitos igualmente importantes no processo de psicoterapia, mas, sem dúvida, a temática da auto-estima deve ser o quesito sobre o qual a própria base emocional do psicoterapeuta deve se estruturar. O próprio enunciado de Sócrates, no início da história da filosofia contemporânea, "conhece a ti mesmo", e que ainda hoje norteia o princípio da psicoterapia contemporânea, nada mais é do que uma reflexão para que, ao tomarmos conhecimento de nossas limitações, possamos concomitantemente adquirir condições de superação, indo, assim, ao encontro de uma melhor condição de amor-próprio.

O processo de psicoterapia do profissional que deseja enveredar pelos caminhos da psicoterapia fará com que aqueles pontos que não estão claros em sua estrutura emocional e que estejam dificultando seu desenvolvimento pessoal sejam superados. É dizer que, ao buscar o autoconhecimento, o profissional de psicoterapia estará se colocando em condições de uma desenvoltura plena em sua atividade de artífice dos elementos que fazem da condição humana algo excelso e verdadeiramente libertário. A busca do autoconhecimento é como a busca pelo autocrescimento, pois a consciência das limitações é condição primordial na procura por caminhos de superação. Os atalhos e sendas nos quais a alma humana aloja seus mistérios desvendam-se no processo de psicoterapia de maneira ímpar. E o psicoterapeuta, ao buscar seu autoconhecimento e crescimento pessoal, irá se alicerçar de modo único para poder igualmente levar seu paciente a um processo que também seja sustentáculo de seu amor-próprio.

3.4 O Amor-Próprio e o Egoísmo

Ao lançarmos o amor-próprio à reflexão, outro tema que surge quase simultaneamente, além da questão narcísea que foi citada anteriormente, é a temática do egoísmo. Assim como na questão narcísea, estamos diante de um item que nos remete a uma manifestação doentia de apego a si mesmo, ou seja, alguém interessado apenas em suas necessidades, sem considerar mais nada.

O amor-próprio do egoísta é aquele amor totalmente centrado em si e que nega o outro como seu semelhante, ou seja, não o reconhece em sua condição de humanidade. Uma das características mais doentias do egoísta é justamente colocar suas coisas e interesses como centro de suas preocupações sem qualquer consideração com a existência do outro. Podemos dizer que uma diferença fundamental entre o egoísta e o narcíseo é que esse se considera maravilhosamente perfeito, mas precisa do outro para exercer sua tendência exibicionista; o egoísta, ao contrário, simplesmente não reconhece a existência do outro.

O egoísmo traz em si um processo de isolamento muito dilacerante. É dizer que o egoísta é uma pessoa ensimesmada nas próprias coisas em total alheamento à realidade que circunda sua vida. Ao negar a existência do outro, o egoísta nega não apenas a humanidade desse, como também a sua condição humana. Ao não reconhecer o outro como semelhante, ele também se desconhece em quesitos de envolvimento afetivo e amoroso que implicam necessariamente esse reconhecimento. No entanto, é necessária uma separação entre o isolamento do egoísta e aquele vivido por quem sofre as agruras da solidão de modo cáustico, justamente por reconhecer a importância do outro em sua vida e que, entrementes, sofre pela constatação de sua ausência. Mostramos em trabalho anterior[5] que o principal espectro da solidão é justamente o fato de a pessoa se reconhecer no outro e sofrer com sua ausência. O egoísta, na quase totalidade das vezes, ao contrário, busca no outro apenas o subsídio para seus interesses, não o considerando em suas necessidades. Coisifica o outro, imputando-lhe a condição de mera usura, assim como alguém que liga uma máquina de lavar roupa quando isso se faz necessário. O relacionamento com o outro é feito nessa mesma simetria, ou seja, é buscado tal qual se busca uma máquina para nos servir em nossas necessidades. Desse modo, o egoísta pode acabar se isolando, pois, à medida que o outro percebe a usura que é estabelecida no relacionamento, o movimento de distanciamento, que o leva ao isolamento, torna-se real. É dizer que o egoísta, ao estabelecer com o outro uma relação na qual esse é tratado como uma simples coisa, também se desqualifica em sua condição humana e igualmente conhece, a partir disso, a crueza da própria coisificação imposta ao outro.

Existem casos, ainda, em que a pessoa tem a auto-estima bastante rebaixada, fato que a coloca à mercê, muitas vezes, de indivíduos egoístas que, desse modo, irão levá-la a um processo de completa anulação. É muito

5 ANGERAMI, V. A. *Solidão: a ausência do outro*. São Paulo: Thomson Learning, 1999.

freqüente, no âmbito da psicoterapia, deparar com pessoas que chegam reclamando de relações afetivas que se tornaram destrutivas. No entanto, e após uma análise minuciosa dos fatos, conclui-se tratar de paciente que tem a auto-estima muito rebaixada e que, na convivência com parceiros egoístas, é levado a um processo de destruição de sua dignidade e até mesmo de suas condições humanas. Assim, encontramo-nos diante de casos nos quais a questão do amor-próprio, capaz de construir uma auto-estima elevada, acaba se tornando a condição indispensável para que esses pacientes possam, então, adquirir estrutura emocional capaz de levá-los a caminhos libertários.

A difícil equação desses casos é perceber que o paciente, ao se sentir vitimado em um relacionamento no qual o outro surge como algoz, as questões que envolvem o amor-próprio são fundamentais para termos um quadro preciso de intervenção. E até mesmo naqueles casos em que o processo de separação afetiva se arrasta por longo tempo, temos quase sempre questões envolvendo o amor-próprio, implicando o medo de separação, abandono, solidão e até mesmo sentimentos de rejeição em sua condição pessoal. Comportamentos destrutivos são aqueles presentes em pessoas que não possuem amor-próprio solidificado e sucumbem diante das vicissitudes da vida, sem forças para superarem os grilhões que estejam lhe alquebrando a alma. Até mesmo em casos extremados de autodestruição – suicídio – encontraremos pessoas que de há muito deixaram para trás qualquer sentimento de amor-próprio. É dizer que dependemos do amor-próprio para efetivarmos conquistas necessárias para a elevação da própria condição humana.

Angerami e Angerami[6], de outra parte, colocam que o amor nos dias de hoje é influenciado pelo neoliberalismo vigente em nossa sociedade, o que faz com que as pessoas vejam na figura do outro alguém que precisa ser alijado da disputa social. Colocam ainda que, em um contexto histórico no qual o mercado impõe a competitividade e os seres sociais são educados e preparados para enfrentar o mercado competitivo, conseqüentemente os seus relacionamentos afetivos e emocionais serão pautados nessa mesma lógica. Podemos inferir ainda que, embora o egoísmo seja tão antigo quanto a história da humanidade, a competição imposta ao mundo moderno pelo neoliberalismo acentuou de modo intenso o egocentrismo, pois o outro passa a ser visto como concorrente em todas as formas possíveis de subjetividade.

O culto de si mesmo, que é definido como egolatria, não apenas se insere nas patologias contemporâneas como também e principalmente é um dos fatores mais presentes em casos nos quais os pacientes manifestam dificulda-

[6] ANGERAMI, V. A.; ANGERAMI, P. L. *O amor na adolescência*. Campinas: Livro Pleno, 2004.

des de relacionamento interpessoal. É dizer que no cerne de muitos casos que surgem em nossos consultórios com essa problemática vamos encontrar muitas pessoas que, na realidade, estão sofrendo devido, principalmente, ao seu egocentrismo. Nesses casos, deparamos com pessoas que estão buscando se relacionar com o outro de modo satisfatório e, na verdade, descobrem que, antes de qualquer outro balizamento, é necessário começar a reconhecer o outro como semelhante para que as coisas possam adquirir novos significados em sua vida.

3.5 O Amor-Próprio e a Soberba

A soberba é condenada até em termos bíblicos, pois justamente exalta um sentimento de superioridade pessoal sobre o outro. Podemos definir soberba como sendo aquele sentimento no qual a pessoa se sente superior a outra, tanto em termos reais como imaginários. Trata-se de pessoas que julgam possuir talentos e circunstâncias pessoais que as colocam em um patamar de superioridade diante dos demais. A soberba, na quase totalidade das vezes, é revestida de arrogância, pois o sentimento de superioridade anteriormente aludido faz com que o soberbo se sinta um *ser superior*, portanto alguém que está em um patamar acima da própria condição humana. Na realidade, embora possamos fazer distinções entre esse sentimento e possíveis evidências de timidez, a questão principal é que o soberbo é alguém que se distancia das demais pessoas e perde muito de sua condição humana. O simples balizamento de que sempre temos o que aprender com as mais diferentes pessoas e nos mais variados contextos certamente nos coloca diante do fato de que, ao nos colocarmos nessa situação de soberba, perdemos a grande preciosidade da condição humana presente na troca interpessoal. Ademais, não é possível que alguém, por melhor que seja sua condição intelectual e cultural, nada tenha a aprender no relacionamento com o outro. O que agrava ainda mais essas colocações é o simples fato de que a soberba, na quase maioria das vezes, é criação do imaginário sem qualquer ponto de tangenciamento com a realidade. Ou seja, a pessoa se sente superior baseada em fatos que julga capaz de colocá-la em uma situação de superioridade, mas que, na realidade, não significam necessariamente valores a serem considerados tampouco colocados em disputa. É dizer que o soberbo se sente superior naquilo que considera capaz de ejetá-lo a uma condição de superioridade, e que, no entanto, nada mais é do que uma criação de seu imaginário ao estabelecer parâmetros sobre os quais a sua soberba se alicerça. Fatalmente o soberbo, ao ser confrontado em seus sentimentos de superioridade, depara-se com a constatação de que a condição humana estabelece diferenças pessoais para que possamos nos enriquecer na troca interpessoal. Ou ainda, nas palavras de Gonzaguinha, na música "Caminhos do Coração":

> *(...) e aprendi que se depende sempre de tanta muita diferente gente... toda pessoa sempre é as marcas das lições diárias de outras tantas pessoas (...).*

É dizer que só podemos nos desenvolver na questão do amor-próprio quando aceitarmos o fato de que somos limitados nas mais diferentes configurações da própria vida e que sempre estaremos no caminho de aprendizagem para que o nosso desenvolvimento pessoal seja pleno.

Mora[7] coloca que na época moderna nem sempre se distinguiu claramente o amor por si mesmo do amor-próprio; cada um deles parecia poder dar lugar às duas interpretações distintas e opostas. Contudo, houve a tendência para considerar que o amor por si mesmo é um amor natural e equivale ao respeito que a pessoa tem por si mesma, o qual é fonte de bens para si próprio e para os outros. Em contrapartida, o amor-próprio foi considerado, com freqüência, equivalente ao egoísmo e essa separação, como foi dito anteriormente, é imprescindível para não se incorrer em erros conceituais. Frise-se ainda que alguns autores vão discordar das conceituações tecidas acerca do amor-próprio, colocando que esse não pode ser comparado ao verdadeiro amor, que para eles, implica a entrega da alma e a renúncia a si mesmo.

O amor-próprio, ao ser colocado como quesito básico para o desenvolvimento do processo de psicoterapia, necessita ser compreendido em sua amplitude para que essas outras variações não provoquem confusões conceituais. Podemos dizer que o amor-próprio é indispensável, desde que tenha longe de si essas derivações, que muito bem podem ser chamadas de patológicas. É dizer que o amor-próprio não pode ser confundido com a condição narcísea, egoísmo e soberba, pois essas manifestações, ao contrário, devem ser evitadas no âmbito das relações interpessoais. Embora as diferenças muitas vezes sejam meros filigranas, ainda assim é imprescindível que se faça a verdadeira distinção de suas manifestações.

Ao falarmos de amor-próprio em termos sociais, percebemos que o brasileiro é um povo cuja auto-estima é bastante rebaixada. Somente nas ocasiões em que a nossa seleção futebolística participa das copas do mundo é que

[7] MORA, J. F. *Dicionário de filosofia*. São Paulo: Martins Fontes, 2001.

se assiste ao espetáculo de grande ufania com as cores brasileiras. No mais, o que se vê é o total desprezo às nossas cores e a incorporação quase total das cores da bandeira estadunidense como valor absoluto.

A soberania da cultura de um povo se inicia em sua condição de auto-estima. Os próprios Estados Unidos são exemplo claro dessa citação. Basta verificar que na maioria dos filmes produzidos por seus cineastas a bandeira estadunidense é exibida inúmeras vezes ao longo da trama. Embora seja fato que a indústria de entretenimento é uma grande fonte da transmissão de seus valores culturais, ainda assim podemos afirmar que a auto-estima de seu povo é determinante para a ufania mostrada em suas manifestações. Outro povo que também mostra auto-estima bastante elevada e digna de destaque é o francês. Basta, por exemplo, uma pequena incursão pela terra francesa para perceber que seu povo não atende pela língua inglesa – praticamente a língua oficial do universo. Assim, se você quiser ser atendido em alguma solicitação, o será apenas se recorrer ao idioma francês.

Por outro lado, podemos afirmar que, se o ufanismo pelas cores brasileiras que presenciamos durante as disputas futebolísticas das copas do mundo de futebol se prolongassem por outros períodos, certamente a nossa realidade sociopolítica-econômica seria diferente. Os nossos valores culturais seriam aceitos principalmente pela nossa juventude, e, o que é ainda mais importante, teríamos consciência da nossa soberania continental. Também reivindicaríamos os valores básicos de dignidade que nos são assolapados e aos quais não julgamos ter direito justamente por essa condição de auto-estima rebaixada. Assim, por exemplo, teríamos outra condição de exigência frente à imposição de valores culturais de outras nações. Como também estaríamos a exigir condições de vida digna para os nossos conterrâneos desfavorecidos socialmente. Como mera citação, basta verificar que a nossa cultura é rica em folclore, música, dança, com diferentes tradições regionais que são passadas de geração a geração. No entanto, ao mesmo tempo em que assistimos à lenta agonia das nossas tradições folclóricas e regionais, vemos crescer a comemoração de datas que nada têm a ver com a nossa realidade, como o Halloween, por exemplo, em que, vemos crianças fantasiadas de bruxa sem terem a menor idéia do significado dessa comemoração, tampouco de sua origem. Isso tudo sem falar sobre a deterioração da nossa estima ao utilizarmos expressões da língua inglesa para aspectos triviais da nossa realidade cotidiana. Assim, é comum ouvirmos coisas do tipo: "Vou até o fast-food da esquina comer algo rapidinho, pois o boy deles está sem bike e o delivery hoje não está funcionando". Até mesmo em simples expressões do nosso cotidiano estamos rebaixando ainda mais a nossa auto-estima com a utilização de termos que não pertencem ao nosso repertório lingüístico.

Embora seja fato que muitas expressões com o uso acabam sendo incorporadas pela língua[8], o que assistimos é o total desvirtuamento de nossos valores e o total achincalhamento das nossas tradições culturais. Se de fato é necessária uma grande transformação em nosso país para acabar com a desigualdade social que ceifa milhares de vidas a cada instante pelos mais diferentes tipos de excludência das condições básicas de dignidade, certamente o primeiro passo para essa conquista é a elevação da auto-estima de nosso povo. Do contrário, continuaremos assistindo à degradação de inúmeras famílias que, mesmo morando nas grandes cidades, ainda hoje, em pleno século XXI, não possuem condições mínimas de educação e higiene. Seguramente – e não há a menor margem de erro nessa afirmação –, se essas pessoas tivessem a auto-estima elevada, acreditariam ter direito a saúde, educação, moradia e outros quesitos indispensáveis a uma vida digna.

E da mesma maneira que a população exibe as cores brasileiras durante as copas do mundo quando a auto-estima está elevada pelo orgulho por ter a melhor seleção futebolística, certamente teríamos a mesma ufania se acreditássemos no direito de ter governantes dignos. Também teríamos orgulho em exibir nossas cores diante de uma pátria onde a cidadania fosse respeitada e cada pessoa fosse considerada como tal: alguém com direito a uma vida digna e fraterna; e onde a miséria e todas as formas de degradação humana fossem consideradas inadmissíveis em sua estruturação social. Nesse dia, talvez os nossos jovens, em vez de vestirem camisetas com as cores vermelho e azul, exibissem roupas com as cores verde e amarelo. E com a auto-estima elevada pelo orgulho de ser brasileiro.

[8] Nesse rol, podemos citar chofer, madame, toalete, palavras francesas que hoje pertencem à língua portuguesa. Mais recentemente, com o advento principalmente da Internet, temos a presença de muitas expressões que igualmente se tornaram integrantes da nossa língua, como por exemplo, o verbo "deletar", que se originou da palavra em inglês *delete*, presente nos computadores.

Jacumã

Valdemar Augusto Angerami

Não era noite ainda... mas também não mais era tarde...
o Sol deixou um rastro de luz pra clarear as ondas do
mar batendo nas pedras...

A Antaris surge fulgurante e anuncia a presença da
Constelação de Órion, indício de um verão de luz, sol,
sal e mar...

Jacumã, Carapibus, Tabatinga, Luciano, Silvana,
Coqueirinho, um lugar de sonhos... carregado de
fraternidade, calor humano e de uma amizade
colorida de luz...

Da praia que se derrama de amor...
das pedras e das falésias... da noite estrelada
do sorriso de Márcio... das peraltices de Leide...
da areia branca que se mistura às pedras...
do mar que avança e encontra as falésias...

Da noite enluarada que deixa prateada a água
do mar... da denguice do Rafael... da música na noite...
do violão dando uma nova harmonização à própria
vida... do Sol rompendo a madrugada... da vida
energizada pela recepção e acolhida fraterna...
isso tudo é Jacumã, um pedaço de sonho,
num cantinho do mundo chamado Carapibus...
lugar onde se sonha de ser feliz e se acorda
cercado de uma gente maravilhosa...
um sonho, uma vida... uma borboleta buscando
cores para sua pousada... do futebol dos moleques
na praia... e de que viver Jacumã é constatar
que o Paraíso existe... e tem endereço neste mundo...

Jacumã, em uma noite de verão.

Capítulo 4

Os Amores Materno e Paterno

Num verão passado eu te levei à praia...
E você brincava de baldinho na areia,
e pedia para andar de trenzinho e de barquinho
Você era uma criança loirinha... um lindo menino
Loirinho...
Você rabiscava os meus textos.
E dizia que estava me ajudando a escrever...
E muitas vezes, mesmo sem estar alfabetizado,
você colocava a folha de papel na máquina de
escrever e dizia que também estava escrevendo...
E também fazia e me ofertava os mais lindos desenhos
que um pai podia receber... *

De que a menininha loirinha
que eu levava no parque para brincar
e que adorava algodão doce azul,
e que me perguntava sorrateira:
"– pai, por que será que a gente se gosta tanto!?"...
continue a existir no teu ser
que se transforma numa mulher... **

*ANGERAMI, V. A. (org.) *Psicologia da saúde.* São Paulo: Thomson Learning, 2000.

**ANGERAMI, V. A. (org.) *A prática da psicoterapia.* São Paulo: Thomson Learning, 1999.

4.1 Considerações Iniciais

Dissemos anteriormente sobre a necessidade de separarmos as diferentes manifestações do amor presentes em nossas vidas. Seguramente, ao depararmos com a conceituação de amor paterno e materno, a necessidade de uma explicitação precisa desses conceitos é primordial para que não desfiguremos o verdadeiro sentido dessas manifestações amorosas. Ao lançarmos novas formas de manifestação amorosa, estamos tentando acrescer à reflexão contemporânea esses novos paradigmas que, ao contrário de serem presunçosos diante da milenar sabedoria grega, apenas se colocam como uma resposta aos anseios contemporâneos que pedem essa nova configuração.

Devemos inicialmente à psicanálise e as suas principais correntes os primeiros estudos que enfatizarão a importância do amor materno na condição humana. Participando do estudo de uma tragédia grega, *Édipo Rei*, Freud estabelece uma teoria que coloca que o desejo de matar o pai, no caso do menino, e a mãe, no caso da menina, é a repetição dessa tragédia em nossas vidas. Essa teorização foi chamada por ele de Complexo de Édipo, e ainda hoje, em pleno século XXI, temos adeptos de suas teorias que propagam que esse desejo acomete a todos independentemente de raça, credo e cultura. Exagero à parte, essa teorização teve o grande mérito de trazer ao bojo das discussões contemporâneas a importância da figura materna em nossas vidas. Saliente-se ainda que Freud, na medida em que sua teoria é toda carregada de forte componente sexual, também atribui a esse Complexo de Édipo não apenas o desejo de matar o progenitor oponente, como ainda acentua que esse desejo deriva justamente do forte apelo sexual que essa criança sentirá pelo outro progenitor. Dando seqüência a essas explanações, vamos encontrar, então, as teorias de Melaine Klein, que localizam na relação de maternagem toda a origem de nossas experiências ao longo da vida. Klein apud Angerami[1] coloca que, até mesmo quando estamos envoltos em uma relação sexual e buscamos o seio da mulher, objeto de nosso desejo, estamos, na realidade, buscando o seio da própria mãe. Por mais que essas colocações possam parecer absurdas, ainda norteiam a ação de muitos teóricos que buscam em seus escritos maior compreensão para a realidade do homem contemporâneo. Essa autora atribui um peso à relação de maternagem de modo que praticamente tudo que fazemos se origina nesse vínculo. Ou seja, por mais que possamos estar desenvolvidos

[1] ANGERAMI, V. A. *Histórias psi*. São Paulo: Thomson Learning, 1995.

pessoal e afetivamente, sempre estaremos nos reportando a esse vínculo. Trata-se de uma abordagem bastante precária em seus fundamentos, pois simplesmente nega a nossa condição de liberdade, a qual determina as escolhas e mudanças que efetivamos em nossa vida.

De outra parte, vamos encontrar na literatura especializada em psicologia toda uma gama de publicações que enfatiza a importância da mãe em nosso desenvolvimento primário e praticamente ignora a presença e importância do pai. Os diversos títulos, colocados à disposição dos estudantes de psicologia e áreas afins, ao abordarem as questões pertinentes ao desenvolvimento, em sua quase totalidade enfatizarão a importância da relação mãe-filho, ainda que não sejam textos escritos sob a ótica kleineana. Talvez essa tendência derive diretamente das influências de Freud e Melaine Klein ou talvez seja simplesmente uma cegueira teórica e intelectual. É fato, no entanto, que apenas nesse início de século começam a surgir publicações, ainda que em forma de ensaios e periódicos, nas quais a presença do pai é citada e valorizada em sua importância. Evidentemente não estamos negando a importância do vínculo mãe-filho no desenvolvimento humano, mas apenas ressaltando a necessidade de, igualmente, valorizar-se a presença do pai nesse âmbito. Trata-se, inclusive, de partilhar a responsabilidade materna no desenvolvimento humano, dividindo-a com a paterna. E isso, por si, implica a necessidade de uma nova compreensão desse paradigma definido como amor materno e paterno.

É sabido, de outro modo, que a ausência paterna e a configuração da falta de modelo masculino podem configurar danos ao desenvolvimento da estrutura emocional de uma pessoa tanto quanto a precariedade de um relacionamento mãe-filho. O que se faz necessário, no entanto, é um balizamento que determine que o desenvolvimento humano prescinda tanto da mãe quanto do pai para a efetivação de uma estrutura emocional saudável. A figura paterna, ao ser desconsiderada pelos estudos de psicologia, foi colocada em uma condição irreal, pois, se é fato que a relação mãe-filho é muito importante para o desenvolvimento humano, o vínculo pai-filho igualmente o é. Laing[2] ensina que um adulto deduz o que sente um bebê. O bebê não fala. O adulto deduz do seu comportamento que a experiência do bebê relativa a ambos é a mesma ou diferente da sua experiência de adulto da *mesma* situação. A partir dessas afirmações é facilmente constatável que o imenso material escrito sobre o primeiro período da infância é feito unicamente a

---

[2] LAING, R. D. *O eu e os outros*. Petrópolis: Vozes, 1982.

partir da óptica do observador que tece suas teorizações simplesmente a partir de suas elaborações reflexivas. Disso emergiu o grande número de trabalhos que situa apenas na relação mãe-filho a origem de tudo aquilo em que se constitui a nossa estrutura emocional. Nesse sentido, a necessidade de uma expansão desse posicionamento é imprescindível para que as nossas reflexões não sejam meras e vãs digressões teórico-filosóficas.

4.2 Sobre o Amor Materno

O amor materno, ao longo dos séculos, sempre foi cantado em prosa e verso como sendo o sentimento mais profundo e verdadeiro que pode existir na condição humana. Em defesa desse argumento, é trazido à baila das discussões, inclusive, o fato de que o bebê e a mãe, durante a gestação, vivem uma integração inigualável, fundindo-se em um único ser, e que essa unidade transforma-se, após o nascimento, em um sentimento que as palavras não são capazes sequer de definir e conceituar. E de fato até mesmo a chamada integração cósmica, propagada pelas filosofias e religiões orientais, segundo as quais somos parte integrante do universo de maneira indissolúvel, ganha nesse binômio mãe-filho, ocorrido na gestação, novos parâmetros de análise e até mesmo de conceituação. É indescritível a todos que participaram de uma gravidez, como pai, avós, tios, irmãos, amigos etc., a emoção dos primeiros movimentos do bebê no ventre materno[3]. Somado ao fato de que a própria vida de um é a do outro e que dos cuidados que a mãe observa durante a gestação dependem igualmente a saúde e o bem-estar do bebê em todos os níveis dessa conceituação, temos, então, o fato indiscutível de que o sentimento de uma mãe é algo que só pode ser sentido em toda a amplitude do termo e jamais explicado por palavras, por mais eloqüentes que possam ser. Os sentimentos da gestação se transformam ao longo da vida e a literatura especializada mostra que as diferentes formas de transformação são suscetíveis de análises diversas, mas que sempre mostram que o amor de mãe não cabe em rotulações teóricas.

Temos, de outra parte, em nossa sociedade ocidental cujos valores são predominantemente cristãos, o fato de que os princípios vividos pelas mães advêm desses valores. Assim, por exemplo, a culpa experimentada pelas

[3] ANGERAMI, V. A. *Tendências em psicologia hospitalar*. São Paulo: Thomson Learning, 2004.

mães, em sua quase totalidade, ao terem de deixar seus filhos aos cuidados de familiares ou profissionais especializados para irem em busca de realizações profissionais se origina no modelo de mãe do cristianismo. Ou seja, o modelo transmitido como sendo a mãe ideal é o de Maria, a mãe de Jesus, aquela que abandona tudo e segue seu filho até a morte. E, na medida em que essas mães são obrigadas a deixar seus filhos para irem em busca do trabalho profissional, o sentimento de culpa é mordaz e faz com que se sintam ineficazes em sua função materna. Basta compará-las com as mães do judaísmo, como mero contraponto, que deixam seus filhos nos *kibutzim* tão logo adquiram condições favoráveis para se desenvolverem em diferentes níveis, e isso sem nenhum sentimento de culpa aparente.

O modelo de virtude propagada pelo cristianismo lega à mulher que o relacionamento sexual é algo que conspurca sua pureza e deve ser considerado pecado gravíssimo se realizado antes do casamento. O catolicismo chega mesmo a tecer longas teses a fim de provar que Maria foi concebida sem pecado, embora fosse casada com José. Ou seja, de seu ventre nasceu um filho que não foi gerado a partir de uma relação sexual, e sim pelo Espírito Santo. De qualquer forma, trata-se de um caso de adultério, pois o próprio cristianismo condena tudo que transcenda os valores conjugais. Saramago[4], em sua obra intitulada *O Evangelho segundo Jesus Cristo*, mostra José envolto nas questões da gravidez de Maria de uma forma humana, assim como todo o desenrolar da trama que envolve as passagens de Cristo. Embora se trate de um livro de leitura indigesta, pois o referido autor não observa qualquer critério de pontuação e de construção de parágrafos, é bastante interessante por proporcionar uma reflexão sobre a humanidade de Cristo.

O cristianismo atribui valores muito pungentes ao papel da mãe, negando à mulher que ela possa se desenvolver em outras áreas além da maternagem. É facilmente observável que muitas das lutas femininas foram justamente para a preservação da maternidade em confluência com a conquista profissional e o resgate de sua dignidade em diferentes âmbitos. Não podemos perder de vista o fato de que o cristianismo foi criado pelos apóstolos a partir dos ensinamentos de Cristo, e entre esses há uma grande proeminência em São Paulo, que, por meio de cartas às diversas comunidades cristãs que se iniciavam, orientava sobre as diretrizes a serem seguidas.

4 SARAMAGO, J. *O Evangelho segundo Jesus Cristo*. São Paulo: Companhia das Letras, 1991.

Os ensinamentos do apóstolo Paulo sempre foram marcados por posições extremamente machistas[5], fato que determinou que o cristianismo legasse ao homem papel de destaque e à mulher a condição de mera coadjuvante no desenvolvimento masculino. Em um de seus ensinamentos, por exemplo, é colocado que a mulher deve deixar sua família e unir-se ao homem para que os dois sejam uma só carne. E assim fica estabelecido o determinante de que a mulher seguirá o homem para que esse se desenvolva, propiciando-lhe a estrutura necessária para tal. Basta se verificar que um dos principais ritos do cristianismo, que consiste na transformação do pão e do vinho no corpo e sangue de Cristo, é efetivado apenas por homens. Frise-se que o machismo do cristianismo nada tem a ver com os ensinamentos do próprio Cristo que, ao contrário dos apóstolos, sempre colocou a mulher em condição de respeito à sua dignidade. Um de seus episódios, no qual esses ensinamentos se mostram grandiosos, é justamente o da mulher que seria apedrejada por um grupo de homens por se tratar de uma *pecadora* e que tem em Cristo um defensor que determina simplesmente o início do ritual de apedrejamento àquele que não tenha nenhum tipo *de pecado*. Na realidade, ele simplesmente iguala a condição de todos; deixa de haver mulher pecadora, pois diante de si existem, igualmente, homens pecadores. Mas os seus apóstolos parecem não ter seguido os ensinamentos do mestre e orientaram as primeiras comunidades cristãs a seguirem um modelo extremamente machista, no qual a mulher nada mais era do que simplesmente aquela que tinha como função de vida parir os filhos do grande ser do cristianismo, o homem. Embora os valores predominantes na época do apóstolo Paulo primassem pela superioridade do homem, o fato é que os seus ensinamentos, sobre os quais se sedimentaram toda a cultura cristã, cristalizaram essa superioridade de maneira contundente à condição feminina. Prova disso é que a mulher ocidental, em pleno século XXI, ainda luta para que seus direitos sejam consolidados e que valores como dignidade não impliquem exclusão de sua feminilidade, incluindo-se aí a condição de maternidade.

A maternidade, ao ser colocada como um quesito indispensável para o desenvolvimento feminino, torna-se algo bastante penoso para as mulheres que

[5] O uso do termo "machista" designa uma determinada concepção ideológica da função e valorização do homem na estrutura social. O homem é o responsável pelos desígnios sociais, tendo construído a teia sobre a qual a sociedade se estrutura, e a mulher figura como mera coadjuvante desse processo. O principal papel da mulher, de acordo com essa concepção, é parir e cuidar para que o homem se desenvolva em todos os âmbitos de sua vida. Ideologia dominante durante milênios, é difícil encontrar um homem totalmente livre do condicionamento e totalmente despojado de valores machistas. No entanto, uma análise mínima mostra que não podemos colocar em uma mesma categoria "homens" e "machistas". E, certamente, a luta libertária das mulheres tem em alguns homens o alicerce necessário para sua sustentação.

fazem a opção de não serem mães. Assim, elas se sentem cobradas nas mais diferentes instâncias sociais da função de maternidade, e aí temos novamente a imposição dos valores cristãos segundo os quais a mulher deve ser aquela responsável pelo desenvolvimento da família em evidente imposição da necessidade de parir para dar continuidade à vida. E, se fizermos um pequeno contraponto entre os sentimentos vividos por muitas mulheres sobre a necessidade de se tornarem mães e aquilo que sentem os homens em relação à paternidade, temos que a gama de pressão existente sobre a mulher praticamente inexiste em relação ao homem. E até mesmo em termos de configuração da função de proteção presente no papel de mãe, vamos constatar que os comentários de acusação sempre são mais severos quando deparamos com mulheres que abandonam seus filhos para experimentarem outras possibilidades de vida e relacionamento. Mulheres que abandonam seus filhos para viverem novas relações conjugais são condenadas em níveis morais de modo impiedoso, pois simplesmente não estão cumprindo um de seus atributos mais *sublimes*, a maternidade. É dizer que o que é tolerado analogamente ao homem, na mulher é condenável e até mesmo execrável.

Marx, Engels e Lenin[6], refletindo sobre a questão da maternidade, colocam que a reversão do direito materno foi a grande derrota histórica do sexo feminino. O homem passou a governar também a casa; a mulher foi degradada, tornou-se escrava do prazer do homem e simples instrumento de reprodução. Essa condição humilhante para a mulher, tal qual como aparece, notadamente, entre os gregos dos tempos heróicos, e mais ainda dos tempos clássicos, foi gradualmente camuflada e dissimulada e, também em certos lugares, revestida de formas mais amenas; mas não foi absolutamente suprimida. E, ao se configurar como mãe no seio de uma família tradicional, temos que o homem, na maioria dos casos, se ganha o suficiente para o sustento da família – e isso lhe dá um lugar preponderante que não precisa ser privilegiado por lei –, torna-se um algoz em relação à mulher, um patrão burguês, e a mulher, em relação a ele, a proletária.

Transforma-se uma relação de união amorosa em algo que implica serventia, troca e, em casos mais extremados, até em uma relação de prostituição acobertada pela definição conjugal. Nesse sentido, não podemos perder de vista que se dar por dinheiro, o ato de prostituição tão condenado nos dias de hoje, foi, a princípio, um ato religioso; era praticado no templo da deusa do amor, e o dinheiro ia para o tesouro do templo. As hierodulas de

6 MARX, K.; ENGELS, F.; LENIN, V. *Sobre a mulher*. São Paulo: Global, 1980.

Anitis, na Armênia, de Afrodite a Corinto, ao mesmo tempo em que as dançarinas presas aos templos da Inda, *bayaderes* (a palavra é uma corruptela do português bailadeira, dançarina) foram as primeiras prostituídas. Essa prostituição, dever de todas as mulheres, em princípio, foi, mais tarde, exercida apenas pelas sacerdotisas em substituição a todas as outras.

O ato de se entregar sexualmente por dinheiro desvinculado de cerimônias religiosas transformou-se ao longo dos tempos, culminando na forma como hoje se manifesta, ou seja, a prostituição como algo desprezível e que causa todo tipo de desconforto a todas as partes envolvidas. Como foi citado anteriormente, a configuração de prostituição atribuída a alguns relacionamentos conjugais nada mais é do que uma variante desse procedimento. Entregar-se por benefícios materiais, ainda que isso não esteja implícito na estruturação do relacionamento, é algo perfeitamente observável em grande parte das relações conjugais contemporâneas.

Beauvoir[7] coloca que a figura da mulher se espiritualizou desde o aparecimento do cristianismo: a beleza, o calor, a intimidade que o homem deseja ter por meio dela não são mais qualidades sensíveis; em lugar de resumir a saborosa aparência das coisas, ela se torna a alma delas; mais profundo do que o mistério carnal, há em seu coração uma secreta e pura presença em que se reflete a verdade do mundo. Ela, assim, é a alma da casa, da família, do lar. E também a das coletividades mais amplas, cidades, províncias, nações. Jung, citado por Beauvoir[8], observa que as cidades sempre foram assimiladas à mãe pelo fato de terem os cidadãos em seu seio: eis a razão de se falar "mãe-pátria". No entanto, não se trata somente do solo nutriente: é uma realidade mais sutil que encontra seu símbolo na mulher. Já no Antigo Testamento e no Apocalipse, Jerusalém e Babilônia não são apenas mães: são igualmente esposas. O ideal que o homem coloca diante de si como o outro essencial é feminino, pois a mulher é a figura sensível da alteridade; eis por que quase todas as alegorias, tanto na linguagem como na iconografia, são femininas. O feminino é a graça que deleita o cristão; é Beatriz guiando Dante no além; é Marília inspirando Dirceu na Ponte dos Contos; é Maria Bonita ungindo de luz Lampião.

A mulher deixa de ser apenas carne para se transformar em Idéia, Alma, Sabedoria. Assim, não é possível possuí-la, admirá-la, penetrá-la, e sim venerá-la em seus esplendores, admirá-la e glorificá-la em suas excelsas virtudes.

[7] BEAUVOIR, S. O *segundo sexo*. Rio de Janeiro: Nova Fronteira, 2002.

[8] Ibid.

Esses princípios de grande veneração são igualmente as pilastras sobre as quais se fundamenta o romantismo, ou seja, da mulher venerada e amada acima de suas condições corporais. O romantismo, de início, era um movimento literário, artístico e filosófico que se apresentou no final do século XVIII, prevaleceu até parte do século XIX e depois se transformou em algo que, na atualidade, é desdenhado pelo bom gosto. No entanto, popularmente, é algo que se entende como uma inclinação para uma forma de amor intenso, para um conjunto de atitudes que implica entrega apaixonada[9] e que resume em seu bojo uma série de atitudes às quais se convencionou chamar de românticas. E de um movimento que surge como rebeldia aos padrões conservadores da época vai ter uma expressão que define apenas uma grande idealização da figura feminina. O romantismo hoje é aquela expressão que coloca a mulher em um patamar inacessível. E, quando as feministas se mostram contrárias a tais colocações, fazem-no porque a mulher nessa condição deixa de ser considerada humana para ser parte de uma iconografia moderna.

Dentro desse adereço, a própria maternidade terá papel de preponderância e destaque nas definições atribuídas pelo homem ao papel da mulher, permeando essa relação de trocas que envolvem benefícios materiais. Como diz a própria sabedoria popular, o relacionamento conjugal ao se iniciar é uma relação amorosa e, ao terminar, é uma relação comercial cujas partes envolvidas disputam cada quinhão de patrimônio a que julgam ter direitos. E muitas vezes, ao se engalfinharem em disputas judiciais em busca de benefícios materiais, os filhos originados no relacionamento são usados como trincheiras nessas batalhas jurídicas. O amor, se algum dia de fato existiu, transforma-se simplesmente em ódio na busca dessas vantagens materiais. A sensação de estar sendo lesado na separação conspurca até mesmo situações prazerosas que foram anteriormente vividas. E o ódio, nesses casos, vem com tal vigor que seguramente o amor jamais conseguirá atingir. Os estilhaços provocados por esses conflitos deixam marcas contundentes em todas as partes envolvidas, provocando situações que vão desde sofrimentos extremados até casos de humilhação.

Entre os povos, o heterismo provém da liberdade sexual permitida às jovens antes do casamento – é portanto um resto do casamento por grupos, mas chegado até os nossos dias por outras vias[10].

---

[9] Trataremos da paixão no capítulo "O Amor Erótico".

[10] MARX, K.; ENGELS, F.; LÊNIN. Op. cit.

Constata-se ainda hoje que a família individual moderna, em sua quase totalidade, tem por alicerce as escravaturas domésticas dissimuladas da mulher, e a sociedade é uma massa exclusivamente composta de famílias individuais como um corpo é composto de moléculas. O ponto que estabelece essa determinante é a sua condição de maternagem, que de alguma maneira decreta que ela fique presa aos compromissos domésticos, impossibilitando-a de uma condição de pareamento com a realidade masculina. A verdadeira libertação da mulher rumo a condições de vida dignas e plenas passa necessariamente pelas transformações da maternidade em algo a ser partilhado com o seu desenvolvimento pessoal e profissional. A busca por novos espaços sociais pela mulher há que ser conquistas conjuntas com todas as suas peculiaridades, incluindo-se não apenas a maternidade como também tudo que a faz mulher. Ao aceitar o legado que lhe foi imposto pelo homem – aquela que provê a condição indispensável para o seu desenvolvimento pessoal e econômico –, a mulher está fadada a não ter história própria e a se tornar apenas um apêndice desse homem. As discussões envolvendo a questão do aborto são indícios de que a mulher busca determinar as prioridades de sua vida. E ao mesmo tempo em que a maternidade é vista como uma opção, procura sair do jugo masculino que a enquadra como sendo apenas um útero destinado unicamente à procriação.

Dostoievski[11], em *Uma criatura dócil*, apresenta a personagem principal em uma narrativa em primeira pessoa repleta de pensamentos que colidem com a busca de alguma ordem; os cônjuges se debatem na pobreza de um apartamento de duas peças, local onde ocorre a trama, que é um profundo estudo sobre a opressão. Temos um cárcere descritivo a partir de uma narrativa em que um homem impõe a uma mulher uma derrota esmagadora. Estão presentes o erotismo da intimidação, a anatomia da destruição e a concepção da total submissão da mulher ao jugo do homem. Em um trecho de sua narrativa, a personagem principal se pergunta:

> *(...) mas porque ela morreu, ainda assim, é uma pergunta. Ficou assustada com o meu amor, perguntou-se seriamente, aceitar ou não, e não suportando a pergunta preferiu morrer. Eu sei, eu sei, não há por que ficar quebrando a cabeça: fez promessas demais, teve medo de não poder cumpri-las, está claro. Há nisso certas circunstâncias realmente terríveis... Foi simplesmente porque teria que ser honesta comigo, amar-me como se ama por inteiro, e não do jeito que teria amado o*

11 DOSTOIEVSKI, F. *Uma criatura dócil*. São Paulo: Cosac Naify, 2003.

vendeiro. E como era casta demais, pura demais para concordar com um amor assim, como o que convinha ao vendeiro, então também não quis me enganar. Não quis me enganar com um amor pela metade sob uma fachada de amor ou com um quarto de hora.

A maneira como os sentimentos do homem fazem com que ele tente determinar os sentimentos da mulher mostrados nesse pequeno trecho do romance de Dostoievski é ilustrativa e uma reprodução fiel da realidade contemporânea. Evidentemente que o grande mestre da literatura russa atingiu as profundezas da alma humana como poucos, o que o coloca em um patamar de referência para toda e qualquer tentativa de compreensão da condição humana. Certamente recorrer aos seus escritos para ilustrar nossas reflexões é buscar subsídios claros e precisos para esse intento.

Castro[12], refletindo sobre a condição e o direito femininos, coloca que a família é um dos principais núcleos de discriminação da mulher, lugar e agente da reprodução biológica dos homens e da reprodução material e cultural do sistema. A ilustração da ocorrência ao natalismo como auxiliar do exercício do poder refere-se ao nazismo, mas não foi apenas esse regime que se utilizou de tal política. Na Alemanha nazista, tinha-se que a "profissão natural" da mulher era a procriação de filhos. As mulheres eram despedidas do trabalho e substituídas por homens; dificulta-se a sua entrada na escola, considerando que às mulheres de muito alto nível de escolaridade corresponderia uma baixa fecundidade. A mulher alemã foi excluída da vida social e foram tomadas todas as medidas para convertê-la à economia doméstica, que aparecia como uma esfera exclusiva. A política fascista era dirigida para a conversão da mulher em escrava, entregue aos cuidados do homem. Nesse sentido, é significativa a frase que ilustrava o período áureo do nazismo: "(...) as mulheres voltaram a fazer tricô e a cuidar dos filhos e maridos". Feder, citada por Studart[13], coloca: "(...) o judeu roubou as nossas mulheres pela democracia sexual. Nós, a jovem geração, devemos levantar-nos para matar o dragão, a fim de fazer reviver o que há de mais sagrado no mundo: a mulher serva e escrava".

O nazismo propunha às mulheres alemãs os célebres três K: *kind* (criança), *kirche* (igreja) e *küche* (cozinha). O ideal da mulher doméstica e passiva foi sempre defendido pelos piores homens da Terra, os que provocaram os recuos

12 CASTRO, M. G. Controle da natalidade, legalização do aborto e feminismo. In: *Encontros com a civilização brasileira*. Rio de Janeiro: Civilização Brasileira, 1980.

13 STUDART, H. *Mulher: objeto de cama e mesa*. Petrópolis: Vozes, 1974.

históricos mais espantosos. A obtusidade da mulher, no entanto, esteve sempre a serviço dos regimes mais sombrios do planeta e também das seitas religiosas que mais a colocaram em uma situação de total submissão aos valores masculinos e, muitas vezes, até em situações que, além da simples submissão, traziam em seu bojo requintes de extrema humilhação. Assim é, por exemplo, a situação de mulheres africanas que, baseada em preceitos culturais e religiosos, têm o clitóris extirpado para que não tenham prazer sexual.

E se essas colocações são contundentes à própria condição de dignidade da mulher, temos ainda a agravante de que na quase totalidade das políticas públicas de diferentes países, as mulheres, na maioria dos casos, jamais foram ouvidas. Ou seja, em matéria de reprodução só não têm voz aquelas que parem. As mulheres, sujeito dessa história do processo de reprodução, foram convertidas em objetos de cama e mesa. Por seus corpos e desejos passam os interesses do Estado, das instituições, dos homens, e na formulação das orientações político-econômicas é determinado que procriem ou que deixem de procriar. A China é um exemplo moderno dessas citações, pois em função de sua população ter aumentado significativamente nas últimas décadas foi criado um programa de planejamento familiar que submete os interesses dos cidadãos aos do Estado.

Godelier[14] coloca, de outra parte, que a subordinação feminina é uma realidade social de três dimensões: econômica, política e simbólica. Em termos econômicos, basta olharmos em volta para constatarmos que em nossa sociedade as mulheres não têm acesso às mesmas profissões que os homens, ou que não são devidamente valorizadas quanto eles no desempenho da mesma profissão. No âmbito político, as mulheres que compõem a metade da população têm menos de 10% de representatividade política. No plano simbólico, vemos a construção sistematizada nos mais diferentes segmentos sociais de imagens contrastadas do homem e da mulher. O homem é mostrado como *sujeito* e a mulher, como *objeto*.

Esses estereótipos são ensinados desde a mais tenra idade e estruturam a percepção da realidade social. É facilmente observável que as meninas desde cedo brincam de mamãe, cuidando de bonecas, isso, mais do que uma simples brincadeira infantil, acaba se tornando modelo de identificação a ser seguido ao longo da vida. A sua personalidade é, assim, estruturada tendo em seus quesitos principais o papel de mãe. Os meninos, entretanto, quando participam

[14] GODELIER, M. As relações homem-mulher: o problema da dominação masculina. In: *Encontros com a civilização brasileira*. Rio de Janeiro: Civilização Brasileira, 1980.

da brincadeira assumem o papel de papai com todo o modelo de homem vigente, ou seja, aquele que sai para trabalhar e prover a casa enquanto a mulher cuida da prole.

Schnaith[15] coloca que a transmutação de valores pela qual a mulher precisa passar e que concorre, por seu radicalismo, com a de Nietzsche, renomado machista[16], pode, entretanto, mostrar às mulheres as condições ideais para sua busca libertária. Em sua *Genealogia da moral*[17], Nietzsche demonstrou com maestria inigualável as forças de ação e reação que operam na resistência e no triunfo dos escravos. Essas forças encontram seu campo de aplicação privilegiado em um processo histórico e ideológico axial para o Ocidente, o qual Nietzsche chamou, justamente, de *a rebelião dos escravos*, e que a moral judaico-cristã se produz quando impõe seus valores às morais pagãs. E a pergunta que eclode é como dominaram os escravos, sem que eles deixassem de atuar, de sentir e de pensar como tal? Transformando sua impotência em virtude moral: os humilhados e ofendidos são os "bons"; o sacrifício se torna auto-sacrifício valorizado. Em nome de Deus e por indução do sacerdote, diz Nietzsche, transforma-se impotência, determinação de fato, em valor metafísico e espiritual. A impotência se torna poder e domina com suas características próprias. A aceitação da impotência e da repressão leva ao ressentimento. É dizer que os seres a quem se proíbe a verdadeira satisfação da ação só encontram um caminho para escapar: atuar por reação. Sem chegar à negação combativa, opõem ao dominar um *não* secreto e íntimo, que se expressa por formas indiretas, por caminhos desviados e substituições. Do ponto de vista histórico, impõem-se os valores negativos como se fossem positivos: o céu será dos humildes, a mulher é a rainha do lar, ser mãe é padecer no paraíso etc. A mulher, assim, não se afirma, mas nega o homem em sua condição.

Studart[18], de outra parte, assevera que, quando chega o momento da maternidade, que lhe foi anunciada desde que era pequena, quando brincava

---

15 SCHNAITH, N. O fundo da imagem na questão feminina. In: *Encontros com a civilização brasileira*. Rio de Janeiro: Civilização Brasileira, 1980.

16 Embora Nietzsche seja considerado machista, principalmente pelas feministas, é fato que até mesmo aqueles filósofos considerados libertários, como Sartre, Engels, Marx e outros, usam a expressão "homem" ao fazer referência à espécie humana, ou seja, a mulher é mero apêndice dessas citações. E isso naturalmente vai ao encontro da condição machista da sociedade ocidental, o que a própria filosofia de alguma maneira perpetua. Essa questão de gênero, repercutida na própria língua, é o detalhamento desse estágio de submissão da mulher. Assim, por exemplo, se em uma sala de aula houver um homem e 99 mulheres, a referência de gênero é que existem *100 alunos* nessa sala.

17 NIETZSCHE, F. *Genealogia da moral*. São Paulo: Companhia das Letras, 2001.

18 STUDART, H. Op. cit.

de boneca, chegou para justificá-la e explicá-la diante do mundo. O filho fará tudo o que ela não realizou. Chegaram o seu álibi e o seu messias. A mulher se cola ansiosamente à criança pelo maior espaço de tempo possível. Nesse ponto, temos um dos grandes pontos de conflito no mundo contemporâneo, ou seja, as mães que dão a vida pelos filhos. Isso, na mais perfeita tradição cristã. No entanto, vamos encontrar nessa situação um grande paradoxo, pois, nos países em que prevalece a ideologia de que a mulher deve se ater apenas ao papel de mãe, ela é *mãe desamparada*, que as legislações não protegem no parto, no aleitamento e na própria educação da criança, sem a necessária estrutura de creches, escolas maternais, postos de puericultura etc. Ao contrário, nos países em que é incentivado e reconhecido o direito de ela se desenvolver nos mais diferentes âmbitos, como pesquisadora, cientista etc., as leis a protegem, amparando-a no parto e amamentação, subsidiando condições que lhe permitem criar o filho sem viver "por intermédio dele e apenas para ele"[19].

A questão que se coloca seqüencialmente é: como esses filhos podem retribuir tamanho sacrifício? E como ainda serão capazes de retribuir a gama de expectativas que é colocada sobre eles, geradas pela vida frustrante e limitada de suas mães?

Não há como separar tais questões na tentativa de se entender o relacionamento materno na atualidade, ou seja, de como as mães se vêem envoltas na proteção ao filho a partir de parâmetros estabelecidos fora do relacionamento propriamente dito. A cultura indígena aponta inúmeros exemplos nos quais o relacionamento materno estabelece parâmetros de proteção até o momento em que o filho tenha condições de se desenvolver e buscar a própria identidade junto ao grupo do qual faz parte. Não existe satisfação de expectativas nem são depositados sobre os filhos determinantes de suas frustrações pessoais. Em nossa cultura judaico-cristã, no entanto, o filho será aquele que irá legitimar a própria existência dessa mãe, muitas vezes até resgatando-lhe o próprio sentido da vida. A identidade da mulher passa a ser o papel de mãe, e o constitutivo de sua identidade passa a ser as realizações do filho. Embora tais condições configurem-se, de modo geral, em comportamentos que podem ser definidos como patológicos, é fato que em nossa sociedade o que mais se vê é a manutenção desse modelo.

Merleau-Ponty[20] assevera que não se pode deduzir o normal do patológico, as carências das suplências, por uma simples mudança de sinal. É preciso

---

19 STUDART, H. Op. cit.

20 MERLEAU-PONTY, M. *Fenomenologia da percepção*. São Paulo: Martins Fontes, 1999.

compreender as suplências como suplências, como alusão a uma função fundamental que elas tentam substituir e da qual nos dão a imagem direta. É freqüente ver mães que não tiveram vida própria, sonhos e objetivos pessoais, andando em círculos sem qualquer objetivo próprio. E muitas vezes, ao envelhecerem, atribuem a pecha de ingrato aos filhos por não haverem correspondido às suas expectativas. Temos ainda a agravante de que muitas mulheres, como todos os fracos e dependentes, exercem sua autoridade sobre aqueles que são mais fracos do que elas, no caso, os filhos. Nesse sentido, mais do que simplesmente cumprir um papel que dela é esperado, a mulher deve ter na maternidade uma opção libertária e não apenas o cumprimento de uma sina à qual se vê inapelavelmente condenada. Certamente, nessas condições, a maternidade será algo que implicará em seu crescimento pessoal, pois fará com que ela possa se desenvolver em uma de suas possibilidades femininas mais excelsas sem, contudo, precisar abrir mão de outras conquistas pessoais. E, longe da célebre afirmação de que "ser mãe é padecer no paraíso", ela pode fazer da própria maternidade um quesito libertário que a levará rumo a novos horizontes em sua vida.

4.3 Sobre o Amor Paterno

Pai, em tuas mãos entrego meu espírito.

Lucas (Lc 23,46)

Ao contrário do que ocorre com as mulheres, que desde a tenra infância são preparadas para a maternidade, com o homem vamos encontrar situação analogamente inversa. Evidentemente que irão existir as exceções de praxe com homens que deslumbram na perspectiva paterna o ideário de suas vidas. No entanto, o que irá prevalecer é, na maioria dos casos, uma perspectiva de vida na qual a paternidade é sempre figura de fundo. Embora nas últimas décadas tenhamos assistido a uma mudança da participação paterna na educação dos filhos, fato que foi consagrado até mesmo na frase "não basta ser pai, o importante é participar...", a realidade é que a grande maioria dos homens cumpre apenas a função de macho dentro do reino animal, ou seja, participa da cópula carnal para que a fêmea possa gerar e parir uma criança. Terminado esse ritual, é como se o filho pertencesse apenas à mãe, tal qual ocorre no reino animal, onde as crias são protegidas exclusivamente pelas fêmeas, com algumas poucas exceções. Como foi dito anteriormente, em razão da literatura de psicologia enfatizar o papel da mãe exaustivamente de todas as formas possíveis e imagináveis, vamos encontrar pouco material que aborda o papel paterno no desenvolvimento dos filhos.

Estudos recentes mostram a importância do pai no desenvolvimento da criança e, principalmente, na constituição de sua identidade. É dizer que se começa a buscar subsídios teóricos para uma reflexão pormenorizada dessa questão. Mora[21] assevera que o princípio de identidade pode ser entendido pela impossibilidade de pensar a não-identidade de um ente consigo mesmo. A identidade deve ser tratada como algo com sentido ontológico. Ao ser colocada como resultado de certa tendência, é direcionada, assim, para os diferentes modelos com os quais convivemos ao longo da vida. A figura paterna, então, deve ser vista como o modelo ao qual a criança em desenvolvimento contrapõe a figura materna. Dessa maneira, vamos ter a estruturação emocional dessa criança alicerçada em duas pilastras distintas que se sustentam na própria analogia de suas diferenças. Gadotti[22] coloca que é possível que o amor dos pais pelos filhos seja um tabu, que o pai (e a mãe), ao proteger seus filhos, freqüentemente os sufoque e, em vez de lhes mostrar a vida, o que é amor, reprima a vida; que, apesar dos pais, o amor brota em toda criança; é provável que o sentimento de posse manifeste um direito de propriedade da família burguesa, protetora da propriedade e conservadora do destino do ser humano.

Snyder[23], em uma obra estupenda, parte de sua condição de pai ausente, e com um distanciamento crítico admirável, escreve um livro com citações de diversos autores das mais diferentes matizes do pensamento contemporâneo e que abordam aspectos da paternidade. Assim, desde representantes do pensamento psicanalítico, passando por autores marxistas, incluindo nuanças de diferentes configurações, sua obra dá amplo panorama das questões que envolvem a paternidade na realidade contemporânea. Freud, citado por Snyder, enumera vários aspectos do narcisismo parental: o meu filho terá uma vida melhor do que a dos pais; ele levará a cabo os projetos que os pais não puderam executar, realizará os desejos a que eles tiveram de renunciar – e vai realizá-los em seu lugar, o que será para eles como uma indenização. E a isso se misturam ilusões que não podem ser senão puras utopias, pois, para o meu filho, já não haverá razão para renunciar ao prazer, nem para restringir suas vontades; a doença e a morte não o atingirão, as leis da natureza,

21 MORA, J. F. *Dicionário de filosofia*. São Paulo: Martins Fontes, 2001.

22 GADOTTI, M. *Dialética do amor paterno*. São Paulo: Cortez, 2003.

23 SNYDER, G. *Não é fácil amar os nossos filhos*. Lisboa: Dom Quixote, 1984.

assim como as da sociedade, estacarão na sua frente; ele será o centro da criação. É dizer, no entanto, que tais colocações negam o fato de que o amor dos pais possa se mover em um conjunto de ilusões e fraquezas, e que não serão capazes de ajudar o filho a ser autônomo, ou seja, um ser com deliberação própria e que possa procurar o próprio rumo. Snyder, mais adiante, contrapõe que, na realidade, Freud fez a teoria do capitalismo: o social é, aí, essencialmente um obstáculo, e dificilmente um apoio; o outro é um concorrente e mantém-se a ameaça de que cada um não possa se satisfazer senão em detrimento do outro, tal como o proprietário dos meios de produção não enriquece senão explorando o trabalhador.

Outro importante pensador no âmbito da psicologia citado por Snyder[24] é Reich, para quem não havia afeição entre pai e filho; não havia, sobretudo, afeição que pudesse desempenhar um papel positivo no desenvolvimento da criança. Para esse autor, o pai é representante do Estado no seio da família... o representante da ordem e da moral, a qual se reduz a fazer reinar a ordem – a ordem da exploração. É, em sua casa, um chefe que estabelece ou, melhor, transmite uma hierarquia semelhante à dependência a que ele próprio está submetido no exterior, e decalcada pela subordinação que assola a nossa sociedade. Snyder ainda cita Maud Mannoni, Anna Freud, Melaine Klein, autoras que, partindo das idéias de Freud, estabeleceram teorias sobre o relacionamento de dependência da criança em relação aos pais.

Gadotti[25], de outra parte, coloca que o pai, provedor econômico, é o reflexo da sociedade autoritária e da divisão social do trabalho – o autoritarismo paterno subsiste graças à submissão da mãe: a mulher encontra-se ainda na doce dependência da chantagem amorosa e o homem, na incapacidade de superar a tradição que o coloca como chefe da família. Os pais, ainda segundo Gadotti, não precisam ser modelos nem exercer autoridade: talvez seja suficiente que dêem testemunho de um caminho vivido, nada mais, sem a certeza de que é um caminho que trilhariam (abririam) de novo. Isso não significa que os filhos não assumam seu pai de diferentes formas. É dizer que um dos principais papéis de um pai é testemunhar um caminho a seus filhos e mostrar-lhes possíveis horizontes em suas perspectivas de vida.

Na realidade contemporânea, em que os casais cada vez mais tentam se libertar dos grilhões do "amor posse" e saem em busca de novas alternativas

[24] SNYDER, G. Op. cit.

[25] GADOTTI, M. Op. cit.

para suas vidas, o pai é uma figura que, embora muitas vezes não esteja sob o mesmo teto de seu filho, tem nesse vínculo o determinante de seus exemplos para orientar os rumos desse filho. Cada vez mais existe a constatação da necessidade de uma separação quando a situação conjugal se torna refém das contradições sociais e aniquila por completo o amor existente entre o casal. Nessas situações, geralmente o pai deixa o lar e os filhos ficam sob a guarda da mãe. Essa realidade está a exigir que a atitude dos pais seja condizente com a necessidade de preservação da própria integridade do amor deles para com as crianças, bem como de posturas que impliquem preservar os vínculos de afeto. As colocações feitas anteriormente sobre a necessidade de um cuidado bastante apurado para que o amor dos pais não sufoque a criança em desenvolvimento é bastante importante principalmente quando, nos casos de separações litigiosas, os filhos são usados como trincheiras nas brigas do casal. E, mesmo que essa situação não se configure, ainda assim, o cuidado para não atropelar o desenvolvimento do filho a partir da expectativa que se exerça sobre ele é quesito que deve figurar como preocupação primeira de todos os educadores.

Citamos anteriormente que um dos maiores entraves para o desenvolvimento de uma criança é a expectativa que os pais nela depositam. Muitos dos conflitos que surgem no relacionamento dos pais com seus filhos derivam justamente dessas questões. Ora é o filho decidindo por caminhos profissionais contrários aos dos pais, ora é decidindo por relações amorosas que colidem com os valores dos pais, ou ainda o sempre presente conflito de gerações, em que os pais, muitas vezes, apresentam dificuldades na aceitação de que seus filhos trilhem e busquem por caminhos diferentes daqueles preconizados inicialmente. No filme *Pai patrão*, dos diretores Irmãos Taviani, é mostrada de maneira ímpar a trama de um pai que não aceita seu filho que, em vez de querer seguir seus caminhos e cuidar de ovelhas, decide estudar e se desenvolver culturalmente. O pai, inconformado, passa então a espancá-lo e humilhá-lo de todas as formas possíveis e imagináveis. A contundência do filme pela violência exibida, no entanto, não consegue tirar o fato sublime de superação dessa criança, indo em busca de novos horizontes para sua vida. As cenas chocam por seu realismo ao mesmo tempo em que mostram a crueza da condição humana diante de fatos tão degradantes. Esse filme devia ser reflexão obrigatória para todos os educadores, tanto pelo modo como exibe o inconformismo de um pai diante de um filho que busca por outros caminhos, como pela maneira como a realidade educacional é mostrada e tratada em seus detalhamentos. Em uma seqüência de cenas, quando o filho volta para casa já adulto, ocorre um áspero diálogo entre ambos e este afirma que ficará na casa por um breve tempo por absoluta necessidade, pois está prestando um concurso naquela região. Diz, em seguida, o tanto que o pai sempre foi opressor, o quanto foi humilhado e seu inconformismo diante das atitudes dele. Em outra cena, o filme mostra o pai chegando em casa para almoçar e se depara com o filho que ouve no rádio o Concerto para Flauta e Orquestra de Mozart. O pai senta-se para comer e, inconformado com aquele gesto cultural, inicialmente pede para que o filho desligue o rádio. Ele, ao contrário, aumenta o volume para melhor apreciar a música. O pai, então, apanha um machado e parte em sua direção. Os dois travam um breve combate corporal. Na seqüência, o pai pega o rádio e o destrói, mergulhando-o no tanque cheio de água. O filho, no entanto, continua a assoviar a música, para desespero do pai. Ou seja, a sua busca por uma nova identidade sociocultural não podia depender dos rompantes do pai nem de suas limitações sociais. Essa seqüência, embora exiba grande contundência pela agressão física mostrada, é ainda mais cáustica pela violência contra a nossa subjetividade estampada na agressão sofrida pelo protagonista da trama. Um filme que está a nos desafiar pela atualidade de que é revestido, pois ainda temos, por maiores que sejam os estudos e conquistas educacionais, pais que simplesmente acreditam que educação é espancar seus filhos quando esses optam por caminhos diferentes dos seus. E, em contrapartida, mostra o filho lutando com todas as forças para alcançar seu objetivo no enfrentamento direto com a vontade do pai. Essa luta, além de desigual e desumana, é revestida da violência promovida pelo pai diante do inconformismo de assistir ao filho buscando por novos rumos para sua vida. Rumos que contemplam os caminhos do desenvolvimento sociocultural e que deixa para trás a própria realidade paterna. Isso, sem dúvida alguma, ganha importância ainda maior quando observamos o número de pacientes que chega aos nossos consultórios em situação de total quietismo frente à vontade familiar, ainda que isso possa lhe ter custado a própria dignidade existencial.

Em outro filme dos mesmos diretores, o magnífico *Aconteceu na Primavera*, igualmente um grande momento do cinema mundial, é mostrada uma trama em que a saga de uma família é passada de geração a geração, com valores sendo transmitidos e mantidos para que a própria tradição familiar não se perca com a passagem do tempo. Os pais de diferentes gerações são mostrados em diversas seqüências transmitindo a seus filhos valores e tradições familiares. Temos diante de nossa reflexão um filme a nos mostrar que a figura paterna, ao exercer seu predomínio sobre os demais membros da família, está igualmente confirmando que os valores morais que implicam a concepção social estão assegurados quanto à sua manutenção.

Com o enorme avanço tecnológico da atualidade, o que de fato está a separar uma geração da outra não é apenas um seqüencial de diferença de idades, mas uma nova concepção de valores e mundo que está a desafiar a todos que tentem compreendê-los. O amor virtual[26], por exemplo, em que os jovens vivem relacionamentos amorosos intensos por meio da realidade da Internet, é algo distante da realidade infanto-juvenil de seus pais, o que implica dizer que será necessário uma postura de superação de seus valores para uma compreensão adequada desse fenômeno. E isso sem adentrarmos a completa revolução dos costumes e valores sociais que a cada dia se transformam e nos lançam em indagações e questionamentos que mal são respondidos e já são imediatamente substituídos por novas situações que igualmente nos deixam atônitos, perplexos e sem respostas.

O que dizer, como mera citação, das recentes propostas de casamentos entre homossexuais, tema que em passado ainda recente era completamente abominado do seio das discussões sociais? E, na medida em que o pai, no âmbito familiar, é o transmissor e guardião dos valores sociais e morais, sua postura deve ser aberta para novas possibilidades de desdobramento das condições da existência para que não seja simplesmente superado pelo desenrolar dos fatos. Nesse sentido, a "sabedoria paterna" é algo que não só necessita de um revisionismo e reflexões constantes como também de uma atualização acerca das circunstâncias da realidade contemporânea, para que tenha o que mostrar aos filhos de maneira balizada com a magnitude dos fatos e não com conceitos criados em seu imaginário.

A educação, ao ser colocada como uma das fontes de repressão mais fortes existentes na sociedade, precisa de uma revisão contínua e que tenha início no âmbito familiar. E isso nos remete ao fato do grande perigo de que o amor parental seja de uma qualidade pobre pelo fato de os pais serem levados a procurar nos filhos um refúgio para os próprios fracassos.

Ao contrário das mulheres, como vimos anteriormente, preparadas desde a tenra infância para o papel de mães, os homens, na quase totalidade dos casos, deparam-se com a realidade paterna ao longo da vida adulta, geralmente quando elaboram projetos de casamento e constituição de família. Podemos até afirmar, com margem restrita de erro, que os homens, embora tenham de exercer papel de complementaridade nesse relacionamento, na maioria das vezes, não estão preparados para o exercício do papel de pai. Muitos conflitos conjugais podem, inclusive, ser creditados ao ciúme que o pai sente diante do amor materno. E, se é fato que a mãe, ao dar à luz e cuidar de seu filho, ao menos circunstancialmente e momentaneamente,

---

[26] No capítulo "O Amor Erótico", tecemos uma reflexão pormenorizada sobre os efeitos do amor virtual na atualidade.

deixa outros vínculos e preocupações de lado, é igualmente verdadeiro que, se o homem tivesse mais maturidade para viver esse momento, seguramente muitas disputas envolvendo o amor da mulher seriam evitadas. Esse comportamento de julgar o filho como um rival na disputa de afeto com a mulher é, antes de qualquer outro predicativo, um indício de que aquilo que é vivido pela mulher e pelo qual ela se preparou muitas vezes ao longo da vida não o é pelo homem. Ao contrário, minimamente, se esse pai tivesse recebido algum tipo de aconselhamento psicológico ou tivesse desenvolvido uma consciência sobre esse papel, as coisas iriam se desenrolar de maneira mais satisfatória.

Em contrapartida, não podemos perder de vista que também devemos ao cristianismo o modelo de pai ausente e que nada influi na vida do filho. Embora o Cristo, em diversas passagens do Evangelho, faça referência ao "Pai", trata-se de citações em que o pai sangüíneo é desconsiderado e enfatizada a importância do outro pai em referencial a um pai maior – Deus. O pai de Cristo, inclusive, pelos apontamentos evangélicos, não tem o seu DNA, pois sua mãe foi concebida pelo Espírito Santo, e não por aquele que é considerado seu pai – José. A resignação de José na aceitação de que sua mulher, embora fosse com ele casada, tenha parido um filho que não era seu, mas de um espírito iluminado que não fazia parte da realidade terrena, é algo bastante insólito para a nossa compreensão. O próprio catolicismo faz inúmeras referências à Maria como sendo mãe de Deus, da Igreja e protetora de todos os seus fiéis, concedendo a José o mero papel de coadjuvante nessa história. Nessa divisão, fica bem evidenciado que a Igreja tem uma mãe que é Maria, mas um órfão de pai, a se julgar pela falta de referências e citações a esse papel. Embora o machismo do cristianismo, como vimos anteriormente, tenha determinado toda uma conotação de superioridade ao homem, no tocante a José, seu papel foi sempre secundário, de alguém que foi santificado única e exclusivamente por ter aceitado a versão que lhe foi imposta da unção do Espírito Santo para a gravidez de sua mulher. Da mesma maneira, como citamos anteriormente, que as mulheres, em nossa sociedade cristã, se espelham em suas vidas no modelo de Maria, há todo um clamor social a colocar o papel do homem-pai como alguém que deve prover o filho em suas necessidades materiais básicas, mas que, decididamente, não precisa estar presente para o seu pleno desenvolvimento. Romper com esse modelo é algo muito difícil, pois exige do homem uma sensibilidade muito grande para aceitar que o filho necessite de sua presença de maneira tão intensa quanto à da mãe. É dizer que o pleno desenvolvimento de uma criança prescinde do pai para que esse modelo de distanciamento seja alterado e que, em seu lugar, uma nova proposta de convivência e relacionamento seja estabelecida.

Ser pai é assumir a condição paterna de propiciar ao filho condições de desenvolvimento na busca por condições de vida em que a dignidade de suas escolhas seja aceita e validada como condição indispensável para a vivência desse papel. Ter claro que o filho não pode responder por nossos fracassos e aspirações é quesito primordial para que se possa incentivá-lo em suas buscas e nas escolhas de seus caminhos. Ser pai é também transmitir ao filho os ensinamentos de amor que deve ser mostrado principalmente pelo amor vivido na relação e não em meras citações teóricas. Transmitir o amor é vivê-lo, de modo que, a partir desse relacionamento, o amor possa redimir possíveis conflitos e desavenças que eventualmente surjam na convivência.

Capítulo 5

O Amor Fraterno

Era um tempo onde o futuro acenava
com suaves e doces promessas libertárias...
com manhãs repletas de azul,
com pássaros entoando o canto da paz...
de uma vida sem algozes, sem vítimas, sem injustiças.
Tudo era embalado por ideais fraternos de dignidade
de crença no amor,
*na condição humana...**

* ANGERAMI, V. A. O *tédio na adolescência*. Campinas: Papirus, 1999.

5.1 Considerações Iniciais

Vamos encontrar, na língua grega, para definir o amor fraterno, *filía*, *filiein*, cujo significado é amizade, amar. A terminação *ein* é o infinitivo do verbo amar. No sentido do amor entre amigos. Essa conceituação permite que possamos fazer uma distinção bastante clara na concepção do amor que envolve amigos, diferenciando-o de outras manifestações. O amor entre amigos, que implica a fraternidade, comumente é colocado no mesmo bojo de outras formas de amor, o que provoca situações embaraçosas. Mora[1] ensina que o amor intelectual foi introduzido na filosofia por Spinoza, embora inicialmente direcionado a Deus. Em sua visão, a mente humana não pode ser absolutamente destruída juntamente com o corpo, pois alguma coisa dela permanece eterna. O amor intelectual está presente na alegria e no deleite que acompanham o conhecimento. São Tomás, nesse sentido, estabelece uma classificação do amor que se distingue entre amor natural, sensitivo ou animal e intelectual. Essas manifestações distintas entre si na realidade fornecem o escopo necessário para que possa haver formas de relacionamentos amorosos nos quais a admiração pelo saber, amizade e outras virtudes serão situadas sem a necessidade da existência do envolvimento erótico. A admiração pela Idéia pura será contemplada como algo inerente à própria condição humana, sem que isso tenha qualquer outra implicação.

Nesse sentido, ao falarmos em admiração, não podemos perder de vista que não haverá nenhuma manifestação amorosa se igualmente não houver uma grande admiração do amante pelo amado. Não há como se considerar alguém desprezível e concomitantemente amá-lo, pois, ainda que existam os casos de sadismo e masoquismo, a admiração é elemento presente em qualquer manifestação amorosa. Dissemos anteriormente que o neoliberalismo provoca uma séria crise no relacionamento interpessoal, na medida em que acirra a competitividade e faz com que o outro seja visto necessariamente como adversário. O sentimento de fraternidade perdeu seu constitutivo na realidade contemporânea com a competitividade acirrada que se estabeleceu na sociedade ocidental. O outro se tornou alguém que precisa ser alijado da disputa, pois faz com que eu não tenha espaço em nossa sociedade.

[1] MORA, J. F. *Dicionário de filosofia*. São Paulo: Martins Fontes, 2001.

5.2 A Realidade Contemporânea

Tenho o hábito de ilustrar algumas reflexões teóricas com filmes que abordam a temática discutida. Nesse prisma, adoto *Casablanca*, do diretor Michael Curtz, seguramente um dos maiores filmes de todos os tempos. Inicialmente, causou-me estupefação perceber que os alunos não entendiam o sentido do enredo e a maneira como a trama era desenvolvida em seus detalhamentos. Após diversas tentativas com diferentes grupos que igualmente não conseguiam alcançar a peculiaridade da trama exibida, comecei a me dar conta de que essa geração de alunos realmente não podia entender o filme, pois, antes de qualquer outro balizamento, o que é mostrado em seu enredo é uma lição de fraternidade entre as pessoas, a busca pela honradez, a partir da solidariedade, e um ideário de lutas e libertação da ocupação nazista. O filme mostra o abandono de sonhos pessoais em nome de causas sociais mais amplas, o que, seguramente, é algo distante da geração atual, cujo interesse pessoal sobrepõe-se ao social e a até mesmo a qualquer vínculo interpessoal. Fraternidade, provavelmente, é um termo que será banido das próximas versões dos dicionários contemporâneos, tal a maneira como é desprezada em sua completude. O neoliberalismo vigente no mundo ocidental determina que a competição seja feita em todos os níveis possíveis, não havendo, dessa forma, qualquer titubeio em lançar-se nessa empreitada de *corpo e alma*, a despeito de valores que pregam a dignidade e o respeito à condição humana.

O amor fraterno tornou-se algo presente apenas nos romances do passado, algo que é mostrado somente como reminiscências de outros momentos da história. Amizade é algo que está se tornando cada vez mais rara, em que pese a valorização que a ela se dá. É comum ouvir pessoas dizendo que, embora conheçam e convivam com muitas pessoas, amigo verdadeiro é espécie em extinção. E, na medida em que a realidade contemporânea promove o distanciamento interpessoal com os diversos recursos tecnológicos colocados ao alcance de todos, fraternidade é algo que vai, aos poucos, perdendo até mesmo o seu significado etimológico. Basta comparar-se, por exemplo, que gerações passadas reuniam-se em determinados pontos para trocarem informações, idéias etc., o que, de alguma forma, acabava criando e fortalecendo vínculos afetivos.

Na atualidade, as reuniões de grupo são feitas pela Internet, com pessoas pertencentes a determinadas comunidades e que trocam informações, idéias etc., sem se locomoverem de suas casas. E muitas vezes com a agravante de não conhecerem os interlocutores. Até mesmo condomínios residenciais têm domínio na Internet para que os condôminos possam se comunicar. Ou seja, em vez de as pessoas se visitarem para criarem vínculos afetivos, simplesmente clicam um botão de computador sem saírem de casa e estabelecem um novo tipo de relacionamento, seguramente mais distante e frio do que aquele vivido na relação interpessoal tradicional.

Colocamos em texto anterior[2] que o distanciamento interpessoal vivido nas grandes metrópoles, além de dilacerar ainda mais o sentimento de solidão e vazio, provocava sentimentos de rejeição pelo próprio isolamento em que as pessoas se viam lançadas. É dizer que ao mesmo tempo em que ligamos um botão de televisão e assistimos a eventos que ocorrem do outro lado do universo perdemos a capacidade de relacionamento interpessoal. No entanto, é notório que as pessoas cada vez mais se ressentem da falta de companheirismo, do amor fraterno e de suas inúmeras configurações. Até mesmo a presença da psicoteraundo contemporâneo é indício de como as pessoas estão sem direcionamento na troca propiciada pelo relacionamento interpessoal. O número de pessoas que chega aos nossos consultórios queixando-se da falta total de amizade fraterna é simplesmente assustador. A ausência de amigos é algo que salta aos olhos no isolamento contemporâneo. É dizer que, embora as pessoas hoje estejam cercadas de todos os recursos propiciados pelo progresso tecnológico, a construção da afetividade proporcionada pela troca de experiências presente no relacionamento interpessoal praticamente inexiste. Ainda que os detalhamentos que envolvem a crueza do sentimento de solidão sejam muito amplos e bastante complexos, seguramente o isolamento gerado pelo distanciamento da vida contemporânea em muito contribui para a sua acidez. No entanto, a vivência do amor fraterno é, certamente, uma das mais belas facetas da condição humana, na qual, além de nos reconhecermos na humanidade do outro, também podemos caminhar em direção a uma nova compreensão das nossas possibilidades de relacionamento interpessoal. O outro é aquele no qual eu reconheço minha humanidade, e, ao me distanciar dele, também me distancio de mim. Perdigão[3] coloca que eu simplesmente sei que existem no mundo outras consciências e afirmo isso com absoluta certeza, prescindindo de qualquer parâmetro. A convicção na existência do outro é um dado imediato na minha vida: apenas sei, sem a menor dúvida, que esses corpos alheios que se movem não são meros objetos, robôs ou imagens criadas por mim. É tão absoluta essa certeza quanto a de que tenho da minha própria existência. O reconhecimento da humanidade do outro não é um mero laço abstrato que me liga

---

2 ANGERAMI, V. A. *Solidão: a ausência do outro*. São Paulo: Thomson Learning, 2003.

3 PERDIGÃO, P. *Existência e liberdade*. Porto Alegre: L&PM, 1995.

a ele; é algo que vai se manifestar ao longo da minha vida, como uma relação concreta de humanidades, entre pessoas que vivem no mesmo mundo. É dizer que no interior de um espaço comum onde realizaremos nossas ações práticas o outro tem lugar com toda a sua peculiaridade e singularidade. A minha existência não tem como prescindir do outro e esse distanciamento imposto pelo neoliberalismo, que o transforma em objeto a ser alijado da nossa vida, acaba com a nossa humanidade de modo irreversível.

Outro fator que pode estar agravando a falta de relacionamentos interpessoais na atualidade é a expectativa forjada de que o outro precisa ser solidário a mim no momento em que eu me encontrar sucumbido diante do isolamento imposto pelo aparato tecnológico. Ou seja, distancio-me, absorto na parafernália tecnológica, e quero o outro presente em minha vida ao me cansar da tecnologia. E, na medida em que o outro necessariamente não está nessa vida para cumprir com as minhas expectativas, seguramente haverá um sério distanciamento em decorrência disso.

É cada vez mais abismoso o hiato que me separa do outro em função do isolamento que a tecnologia contemporânea impôs às nossas vidas. O filme *Denise está chamando*, do diretor Hall Salwen, mostra um grupo de amigos que se relaciona apenas e tão-somente por meio da moderna tecnologia. Ou seja, os contatos são feitos apenas por telefone, e-mail, fax etc. O filme mostra, de modo angustiante, a dificuldade do grupo em se encontrar pessoalmente. Diversas tentativas de festas e encontros são efetivadas mas sempresem sucesso, pois as pessoas estão presas de tal modo aos seus aparatos tecnológicos que deles não conseguem se desvencilhar. A própria personagem principal, dando início à trama do filme, entra na maternidade para parir o filho concebido por inseminação artificial. Ela então liga para o pai, que não conhece pessoalmente, e lhe conta que vai parir um filho com o seu sêmen, que fora obtido em um banco especializado. Ele fica ansioso para conhecer o filho e a mãe e, durante o desenrolar do filme, inúmeras tentativas são realizadas, mas o que ocorre de fato é o desenrolar da relação se estendendo tão-somente pelos recursos da tecnologia. Outras personagens são mostradas igualmente se relacionando de todas as formas possíveis, mas sempre por meio de recursos tecnológicos. O que torna o filme extremamente angustiante é o fato de ele tratar de uma realidade que atinge um sem-número de pessoas na atualidade. Uma das cenas mais cáusticas é aquela em que duas personagens "fazem sexo" pelo telefone, depois de um longo processo de sedução, envolvimento e concretização do ato em si efetivado sempre pelo aparelho. A crueza maior desse filme, no entanto, está na maneira como escancara a dificuldade do amor fraterno na atualidade. É mostrado que as pessoas não têm a menor preocupação com o outro; são vividas situações nas quais a presença do outro é totalmente preterida. Uma seqüência mostra uma personagem que, ao deixar uma mensagem no celular para uma pessoa, bate o carro nesse exato momento. A gravação registra o impacto do veículo na colisão, bem como os gritos da personagem que morre no acidente. Não existe um fato capaz de mobilizar esse grupo de pessoas para saírem de seu isolamento. As condolências são feitas por intermédio da tecnologia e novamente o isolamento é a tônica maior dos acontecimentos. É mostrado como, até mesmo em situações em que a fraternidade aflora, como nos casos de morte, o distanciamento faz com que o sofrimento causado pela situação em si seja ainda mais cáustico e dilacerante.

Paradoxalmente, a realidade tecnológica faz com que o outro seja requisitado cada vez com mais veemência em nossas vidas. É dizer que a moderna tecnologia, com todo seu aparato de recursos cada vez mais sofisticados, está levando as pessoas a uma total desumanização, e a busca pelo outro é uma tentativa de resgate da própria humanidade de nossas vidas. E talvez seja a única possibilidade que nos resta para que possamos nos acreditar humanos.

Fellini é, seguramente, o maior cineasta de todos os tempos. Ele emprestou sua genialidade para dar mais *glamour* à magia do cinema. Em seus filmes, a condição humana é retratada de maneira ímpar, em detalhamentos que dificilmente serão alcançados[4]. No magistral *Noites de Cabíria* é mostrada uma prostituta que ganha a vida nas ruas de Roma em meados dos anos 50. Sua ingenuidade faz com que sonhe com o amor perfeito, além de crer na bondade das pessoas. Isso a faz sofrer continuamente sérias desilusões. Fellini mostra, então, nessa busca de amor que Cabíria empreende, o seu envolvimento com um contador que, para conquistá-la, mostra-se dotado de uma fraternidade amorosa que a encanta de pronto. As desventuras vividas por Cabíria nesse relacionamento são tecidas de modo consistente a mostrar a crueza com que é enganada e traída em sua ingenuidade. Os closes que o mestre imprime com sua câmera ao olhar das personagens enfatizam de modo único todo o sofrimento da alma humana espelhada nessas circunstâncias. Cabíria se mostra como o retrato sem retoques de todos que acreditam na fraternidade de modo ingênuo e expõe o sofrimento derivado dessa ilusão. Há uma seqüência na qual Cabíria se envolve com um famoso astro de cinema que está em crise conjugal, disso derivam vários momentos de sonhos

[4] No livro *As várias faces da psicologia fenomenológico-existencial,* organizado por Valdemar Augusto Angerami, escrevemos um capítulo intitulado "A Arte da Psicoterapia", no qual fazemos um enfeixamento de um filme de Fellini – *E La Nave Va* – com a prática da psicoterapia.

e ilusão. Cabíria nos transporta, com sua ingenuidade, para uma realidade na qual a fraternidade tem lugar assegurado e a pureza de espírito fala mais alto do que o modo de vida contemporâneo, em que as pessoas precisam aprender que a principal virtude para a própria sobrevivência é ser ladino. Resta, entretanto, a ilusão de que a necessidade de reconhecimento da própria humanidade possa levar as pessoas a buscarem uma nova forma de vida em que a fraternidade volte a ter lugar de destaque na realidade humana, tal qual ocorria em outros momentos da história.

Em um instante mágico do cinema, vamos encontrar um dos mais belos exemplos de amor fraterno, do amor de gratidão e de veneração. Ettore Scola, no magnífico *Nós que nos amávamos tanto*, presta uma homenagem comovente a dois grandes mestres do cinema mundial, Vittorio De Sica e Fellini, com os quais conviveu e aprendeu a arte cinematográfica. O filme mostra a trajetória de três personagens em 30 anos da história da Itália (1945-1975) e as transformações que suas vidas sofreram ao longo desse período.

A primeira homenagem ocorre quando uma das personagens vai a um programa de televisão que tem como estrutura entrevistar um candidato, oferecendo-lhe grandes prêmios em dinheiro para que responda sobre uma determinada temática. E o assunto sobre o qual a personagem vai responder é a obra de Vittorio De Sica. Então, um delicioso passeio sobre a obra do mestre De Sica se inicia; há um hiato no filme em que vemos a homenagem e veneração à sua obra. No entanto, o instante mais emocionante Scola reservou para outro momento, quando uma das personagens da trama, que deseja ser atriz, está envolvida em um *set* de filmagem. A cena mostra um estúdio cinematográfico com todos os envolvidos em intensa movimentação. Cenógrafos, atores, coreógrafos, todos se movimentam de maneira frenética para a realização da filmagem. Quando a câmera de Scola se aproxima para mostrar a figura do diretor dessa cena, eis que, para surpresa e emoção de todos os cinéfilos amantes de sua obra, surge o próprio Fellini em ação. Inclusive, nesse momento, a música que surge ao fundo é a de Nino Rota, compositor que se consagrou por musicar os filmes de Fellini. Surge também em cena o ator Marcelo Mastroiani, que era justamente o preferido de Fellini, tendo atuado em seus principais filmes. Embora a cena seja rápida, a emoção emanada dessa homenagem nos contagia de modo indelével, pois acima de qualquer outro balizamento está o amor fraterno exposto em uma das homenagens mais marcantes que já foram realizadas em um filme. Ainda nessa cena, existe outra homenagem que passa despercebida pelo espectador desatento. Fellini, após o término da filmagem, é procurado por um assessor que lhe diz que um repórter quer entrevistá-lo. Fellini se dirige a ele, que de pronto afirma: “Senhor Rosellini, sou um grande admirador de seus filmes". Fellini simplesmente ri pela confusão que o repórter fez, tendo-o confundido com Roberto Rosellini, outro grande cineasta com o qual todos os outros – Fellini, Scola, Zefirelli, Bertolucci, Pasolini –, de alguma forma trabalharam; como roteirista, assistente, diretor de arte etc., o fato é que todos esses gênios do cinema tiveram suas vidas ligadas ao grande mestre Rosellini.

O que Scola nos mostra, na realidade, é um magnífico contraponto ao neoliberalismo, no qual o outro precisa ser eliminado de qualquer forma da disputa pelo quinhão de mercado. A admiração que resulta em um gesto tão nobre é algo distante da nossa realidade contemporânea e, seguramente, diante desse filme, o que primeiro salta aos nossos olhos é a maneira singela e sincera como dois outros cineastas – em princípio, seus concorrentes diretos – são homenageados e exaltados de modo tão emocionante. Talvez esta seja a grande função social do artista: mostrar que uma nova realidade, na qual ainda caibam sonhos, ilusão, admiração e veneração, é possível. E na qual a competição predatória seja banida e excluída como possibilidade de ação.

A Minha Riqueza

Valdemar Augusto Angerami

Para Julinha,
doçura, amor e dedicação...
exemplo de vida e ternura...

Tenho brilhantes colocados
em uma colcha de veludo...
eles cintilam pela noite adentro...
os meus brilhantes possuem formas
diferentes a cada estação... no inverno
aparecem sob a forma da Constelação de Escorpião...
e na primavera na Constelação de Pégaso...
Eu não preciso guardá-los em cofres
de alta segurança... eles estão no céu
brilhando e encantando a todos que
queiram admirá-los...

Tenho o mais rico dos marfins... a alvura
das mãos da minha Cacheadinha... o toque
de carinho que me energiza a alma nas
vicissitudes do caminho... nada pode ser
mais precioso que acarinhar esse
marfim na noite de inverno... e um
bem tão precioso não me pode ser roubado...

Tenho muitas ações... elas correm
soltas pela mata... e se configuram na
algazarra dos pássaros ao amanhecer,
na alegria dos esquilos correndo pelas árvores...
e nos bugios buscando seu alimento pela mata...
as minhas ações são seguras e não dependem
da oscilação da Bolsa de Valores... elas são
sólidas e me trazem uma grande rentabilidade...

Tenho um grande patrimônio financeiro...
é a mata que me circunda a vida... as estrelas
no firmamento... o mar que rebenta na praia...
e as pedras que se configuram para acolhê-lo...
também possuo o Sol a iluminar os meus dias...
a Lua a encantar as minhas noites... e não há
ladrão que possa me roubá-los...

Tenho o mais precioso dos quadros... da
minha janela observo as montanhas e vales da
Serra da Cantareira... seus contornos, o azul
do céu e o verde da mata... são milhares de
tons e semitons assinados pelo maior Criador
das obras da natureza... esse quadro apresenta
diferentes configurações e se alterna com
a própria pulsão das estações e da vida...

Tenho a escultura mais maravilhosa...
a nudez da minha Cacheadinha
que me ilumina
a vida e a alma... seus contornos são entalhados
pelo mais habilidoso dos artesãos divinos... suas
formas configuram a perfeição da criação
celestial... uma beleza escultural a mostrar
detalhamentos encantadores...

Tenho uma grande herança familiar...
herdei o encanto e a habilidade para
passear no planeta da música...
aprendi com meus familiares
a amar a música de Villa-Lobos,
Mozart, Bach, Ernesto Nazareth e
Chiquinha Gonzaga... tive minha iniciação
musical com minha família e desde os
primeiros acordes, em momentos em que
era bem miudinho e mal conseguia
segurar o meu instrumento, tenho
a maior riqueza guardada dentro
d'alma...

Tenho inúmeros imóveis... eles
apresentam-se com cores diferentes a
cada estação... eles se encontram nas
ruas, alamedas, nos jardins, parques e
nas matas... são os ipês, jacarandás,
sibipirunas, tipuanas, suinãs, jatobás,
paineiras, quaresmeiras, sapucaias...
as suas floradas fazem deles
os imóveis mais valiosos
deste mundo... e não há especulação
imobiliária que possa abalar seu valor...

Tenho grandes contatos sociais... e
como já foi dito exaustivamente,
grandes riquezas sempre se configuram
com amizades influentes... e como dizia
a canção "tenho muitos amigos, eu sou popular..."
tenho como amigos os pássaros que vêm à minha
janela em busca do alimento que lhes dedico...
as formigas que buscam pelo pão que deixo no caminho...
os esquilos que vêm ao meu terraço em busca de
coquinho... os bugios que buscam nas embaúbas
do meu quintal o seu alimento... os meus cães
que estão sempre a me esperar e que jamais
reclamam se tardo para retornar ao nosso
canto... tenho o afeto precioso dos
meus filhos... as borboletas que pousam nas flores
do meu jardim
em busca de vida e alegria.

Serra da Cantareira, em uma manhã de verão.

Capítulo 6

O Amor Caritativo

Ainda que eu falasse as línguas
dos homens e dos anjos, se não
tivesse caridade, seria como o metal
que soa ou como o sino que tine.
E ainda que tivesse o dom de
profecia, e conhecesse todos os mistérios e toda a ciência
e ainda que tivesse toda a fé de maneira tal
que transportasse os montes e não tivesse
caridade, nada seria.
E ainda que distribuísse toda a
minha fortuna para sustento dos pobres, e ainda que entregasse
o meu corpo para ser queimado, e não tivesse caridade, nada
disso me aproveitaria.

São Paulo

6.1 Considerações Iniciais

A língua grega contempla o termo *ágape* para definir o amor caritativo. Essa concepção de amor pode ser compreendida como sendo uma forma de entrega balizada pela caridade, pela carência do outro diante principalmente das adversidades socioeconômicas. O cristianismo, com toda a sua fundamentação filosófica voltada ao amparo dos excluídos, determinou formas bastante específicas para os padrões contemporâneos de caridade. Embora seja fato que a população, de modo geral, diante de situações de catástrofe que atingem pessoas que se vêem atiradas ao vendaval da sorte, se mobiliza e se solidariza de maneira surpreendentemente admirável, o amor caritativo parece depender de ocorrências fortuitas. Em situações, por exemplo, de grandes temporais, que deixam centenas de desabrigados em estado de total precariedade, existe toda uma mobilização da sociedade a fim de efetivar a ajuda às vítimas. Da mesma forma, diante de tragédias envolvendo pessoas e cidades, o que se assiste para propiciar alimentos, abrigos, roupas etc. é algo digno de elevação da própria condição humana. E seguramente, se existe algo que nos faz diferentes e, por assim dizer, até superiores às demais espécies existentes no planeta, é justamente essa capacidade de nos solidarizarmos com a dor do outro. Essa condição, que faz com que choremos diante da dor alheia e possamos estender a alguém a mão para que possa superar e vencer os desatinos impostos pela própria vida, é o ato de maior magnitude da condição humana.

Na atualidade, no entanto, principalmente em função de pessoas que se aproveitam da boa vontade alheia, a caridade está cada vez mais na dependência de grandes acontecimentos. Seja pelo fato do grande número de pessoas que pedem esmolas nos semáforos das grandes cidades e que têm sua ação contestada por matérias jornalísticas, mostrando que muitas delas, na realidade, fazem dessa prática uma profissão, auferindo ganhos mensais significativos, seja pelas pessoas que se fazem passar por necessitados para aplicar um sem-número de golpes de estelionato, ou ainda por uma série de atentados contra a nossa humanidade, o fato é que existe um refluxo do gesto caritativo, principalmente pelo medo dessas ocorrências. É sabido, por exemplo, do grande número de assaltos que ocorrem nos semáforos das grandes cidades e que são praticados por pessoas que, em princípio, estariam nesses locais em busca de esmolas. Também é sabido dos acidentes causados por golpistas e que provocam mobilização de solidariedade, entretanto, são apenas armadilhas para apanhar *os incautos caridosos*. Isso, sem dúvida alguma, nos deixa não apenas atônitos como também acuados. Ao nos protegermos desses atos, acabamos, muitas vezes, sem ação para a prática da caridade para com aqueles que realmente necessitam. É dizer que somos lançados em uma condição desumana ao caminharmos para a prática de um dos gestos humanos mais nobres – a caridade.

Fellini, em outro grande momento do cinema mundial, no estupendo *A trapaça*, mostra um grupo de vigaristas que se fazem passar por padres e aplicam uma série de golpes em pessoas ingênuas, que acreditam piamente em suas promessas. Embora a nossa realidade dispense a necessidade de um filme para nos mostrar a série de golpes a que estamos sujeitos quando nos aproximamos do sofrimento do outro, a maneira como o mestre trata a ingenuidade das pessoas vitimadas pelos golpes é, sem dúvida alguma, bastante pertinente para a reflexão, por mostrar as diferentes nuanças presentes nesses atos. No entanto, em face principalmente da grande exclusão social provocada pelo capitalismo em seus diferentes âmbitos de desigualdades, a prática da caridade é imprescindível para que um sem-número de pessoas possa ter alguma esperança de uma vida digna. É igualmente realidade que um grande número de ONGs atua junto aos excluídos, propiciando condições mínimas necessárias para que uma vida digna seja contemplada como realidade. Com trabalhos de atuação junto à mortalidade infantil, passando por habitantes das grandes favelas, índios, negros etc., é fato que essas ONGs estão possibilitando que cada vez mais pessoas possam ter acesso à própria dignidade existencial.

6.2 O Amor Caritativo na Perspectiva Cristã

E pela manhã cedo tornou para o templo, e todo o povo vinha
ter com ele, e, assentando-se ensinava.
E os escribas e fariseus trouxeram-lhe uma mulher
apanhada em adultério;
E pondo-a no meio, disseram-lhe:
Mestre, esta mulher foi apanhada no próprio ato, adulterando;
E na lei nos mandou Moisés que as tais
sejam apedrejadas. Tu pois
que dizes?
Isto diziam eles, tentando-o para
que tivessem de que o acusar. Mas Jesus, inclinando-se,
escrevia com o dedo na terra.
E como insistissem, perguntando-lhe,
endireitou-se e disse-lhes:
aquele que dentre vós está sem pecado seja

o primeiro que atire pedra contra ela.
E tornando-se a inclinar escrevia na terra.
Quando ouviram isto, saíram um a um,
a começar pelos mais velhos até aos últimos.
Ficou só Jesus e a mulher que estava no meio.
E, endireitando-se, Jesus e não
vendo ninguém mais do que a mulher, disse-lhe: Mulher,
onde estão aqueles teus acusadores? Ninguém te condenou?
E ela disse: ninguém, Senhor. E disse-lhe Jesus:
nem eu também te condeno: vai-te e não peques mais.

Evangelho segundo São João

Decidimos pela caridade cristã em razão de ser essa a maior vertente de nossa sociedade que presta guarida aos excluídos sociais. Nesse sentido, é importante que se frise que não estamos desprezando as diferentes religiões não-cristãs e que igualmente se preocupam com os excluídos sociais. Apenas enfatizamos o cristianismo pela nossa tradição social que tem suas estruturas consolidadas a partir da filosofia cristã. E dentro do cristianismo o nosso enfoque será o catolicismo, em razão de albergar em suas lides a maioria dos religiosos envolvidos em atividades caritativas.

A perspectiva cristã apresenta a caridade, a fé e a esperança como três das mais importantes virtudes teológicas, sendo que o amor é considerado a mais importante. Os religiosos cristãos buscam a caridade como virtude que se transforma em proposta de vida e vai ao encontro das pregações do próprio Cristo. Santo Agostinho, um dos principais teólogos do cristianismo e autor filosófico respeitado mesmo fora das lides religiosas, coloca a caridade como amor pessoal, divino ou humano. Ensina que o amor do homem ao seu próximo pode ser bom – se é por amor a Deus – ou mau – se apenas se apóia em inclinações meramente humanas, desarraigados de amor de Deus e em Deus. O amor ao bem, como manifestação do amor de Deus, move a vontade e, por esse movimento, a alma é levada à sua felicidade, a uma bem-aventurança que só pode ser encontrada no seio de Deus. O amor como amor ao bem não tem medida. Embora seja louvável iniciativas de religiosos católicos na promoção da dignidade humana, e nesse rol podemos incluir desde a criação das comunidades eclesiais de bases – espaços criados para que as pessoas possam se reunir e lutar por seus direitos básicos –, até as inúmeras entidades com fins caritativos, como creches, asilos, albergues, centros comunitários etc., é lastimável que, em nome da caridade cristã e com a conivência de religiosos, muitas atrocidades ocorreram. Assim, com o intuito de catequizar os indígenas, os jesuítas adentraram pela floresta e juntamente com os portugueses e espanhóis tiveram participação decisiva no processo de sua dizimação. O modo como a cultura indígena foi totalmente destruída para que, em seu lugar, o cristianismo fincasse suas bandeiras é lamentável e alvo de um pedido de perdão[1] da própria Igreja para esses índios. O magnífico filme A *missão*, do diretor Roland Joffe, mostra a saga da destruição indígena na América Latina com os interesses portugueses e espanhóis determinando o extermínio de um sem-número de vidas. Nesse aspecto também podemos incluir que, muitos religiosos católicos eram coniventes com as ditaduras militares mais sanguinárias do planeta. E o que era ainda mais dantesco, os religiosos que enfrentavam a fúria das ditaduras militares, erguendo barricadas de amor para proteger suas vítimas, tinham, muitas vezes, nos próprios religiosos de posicionamento contrário, seus principais algozes. Isso sem falar das ordens religiosas que, a pretexto de promoverem a caridade cristã, constroem poderosos impérios financeiros dentro do verdadeiro espírito capitalista, em que o lucro predatório é a meta principal de tudo. O cristianismo, ao se dedicar ao amor caritativo, está indo ao encontro de um dos ensinamentos de Cristo que diz:

> *Porque tive fome e destes-me de comer; tive sede e destes-me de beber; era estrangeiro e hospedastes-me; estava nu e vestistes-me; adoeci e visitastes-me; estive na prisão e fostes ver-me. Então os justos lhe responderão dizendo: Senhor, quando te vimos com fome, e te demos de comer? Ou com sede e te demos de beber? E quando te vimos estrangeiro e te hospedamos? Ou nu e te vestimos? E quando te vimos enfermo, ou na prisão, e fomos ver-te? E respondendo o Rei lhes dirá: em verdade vos digo que, quando o fizestes a um destes meus pequeninos irmãos, a mim o fizestes*[2].

O diretor Pasolini, outro grande mestre do cinema mundial, no fantástico O *Evangelho segundo São Mateus*, faz um registro muito bonito dos ensinamentos de Cristo mostrando-o em diversos momentos de seus ensinamentos.

Ao longo dos séculos, aqueles que se dedicaram a propagar os ensinamentos cristãos foram santificados e suas vidas serviram como testemunho de amor

---

1 O Papa João Paulo II, em diversas oportunidades, pediu desculpas pelos erros cometidos pela Igreja. Assim, tentou se redimir junto aos índios, negros etc. No entanto, embora o pedido de perdão seja sempre um ato louvável de tentativa de reparação a erros drásticos, é importante ressaltar que o pedido de perdão, nesses casos, ocorre para os descendentes desses povos e que a sua humilhação e dizimação não há como ser reparadas.

2 Evangelho segundo São Mateus.

caritativo. Ainda hoje, quando existe algum processo de beatificação, os critérios, em sua quase totalidade, são aqueles que mostram pessoas que dedicaram suas vidas em prol dos necessitados e excluídos. Embora seja fato que o cristianismo, e principalmente o catolicismo, atravessa períodos de grande turbulência[3] na atualidade, são notórias e louváveis muitas das obras caritativas que são empreitadas a partir dos ensinamentos de Cristo. A dedicação de muitos desses religiosos em prol de excluídos é algo que transcende a qualquer tentativa de compreensão a partir dos parâmetros tradicionais de análise da condição humana. Muitos desses religiosos abandonam projetos profissionais e se embrenham nos mais diferentes rincões do mundo para estender a mão àqueles que se encontram quedados pelo caminho. Pessoas que se entregam às causas humanitárias e que fazem dessa entrega o próprio sentido de suas vidas. Não há limites para essa entrega e, muitas vezes, essas pessoas pagam com a própria vida o enfrentamento feito aos poderosos que estão a agrilhoar a dignidade da vida desses excluídos. O Brasil, infelizmente, nesse quesito tem inúmeros exemplos de religiosos que, por defenderem causas que colidem com os interesses dos poderosos, são barbaramente assassinados, e isso em que pese toda a opinião pública nacional e internacional, que se revolta contra esses atos. Isso, no entanto, é algo que também ocorre em outros cantos do mundo, embora o nosso país nada fique a dever nesse aspecto a nenhum outro, por mais subdesenvolvido que possa ser.

Ao propagar a vida de Cristo e de seus principais seguidores como modelos a serem seguidos, na verdade, o cristianismo em suas diferentes configurações está se colocando como uma alternativa a um mundo de total desrespeito à própria condição humana. E ainda que se possa citar um sem-número de contradições entre a prática de alguns religiosos e os ensinamentos cristãos, ainda assim a vida de muitos é lenitivo para que possamos buscar condições de elevação espiritual em nosso cotidiano.

O mestre Zefirelli, em seu magnífico *Irmão Sol, Irmã Lua*, mostra a vida de São Francisco de Assis, desde sua volta das cruzadas até o momento em que decide abandonar os bens materiais para viver na pobreza, segundo os princípios que Cristo ensinou. Em uma das cenas mais estupendas da história do cinema, o mestre Zefirelli mostra Francisco e seus seguidores em uma audiência com o papa. E, de maneira genial, foca os pés descalços de Francisco e sua túnica esgarçada em contraponto com o luxo que envolve o papa e o séqüito de

[3] Nesse rol de problemas, vamos encontrar desde casos de pedofilia, envolvendo padres nos mais diferentes cantos do mundo, até casos de escândalos financeiros com as diferentes vertentes do cristianismo.

centenas de cardeais de indumentárias brilhantes no vermelho mais escarlate, carmim, roxo, colares e anéis de ouro, e demais assessores que presenciavam a audiência e que aparentavam ser, mais do que propagadores dos ensinamentos de Cristo, representantes do poder e riqueza. Na seqüência, o papa se vê constrangido por aquela humildade e verdadeiro apego às verdades que Cristo ensinou, tanto que, inclusive, verbaliza que Francisco estava mostrando a eles que, na realidade, estavam se afastando dos ensinamentos de humildade e pobreza, com a agravante de estarem exibindo uma condição de luxo incompatível com os ensinamentos cristãos. Embora esse filme mostre a condição de São Francisco de Assis em todo o seu desprendimento de bens materiais, afrontando de maneira acintosa a riqueza do papa com a sua humildade, o fato é que, passados 300 anos dessa ocorrência, a situação se mantém a mesma, ou seja, a riqueza do Vaticano continua ostensivamente a afrontar os ensinamentos de Cristo[4]. E o pior, como dissemos anteriormente, é constatar que as ordens religiosas que propagam os ensinamentos cristãos estão distantes da palavra de Cristo. O capitalismo, em seu sentido mais cruel e selvagem, norteia suas práticas, e o que devia ser uma ação de caridade acaba transformado em negociação capitalista no mais estrito sentido do termo. Essa questão torna-se ainda mais turva quando constatamos que seguidos presidentes estadunidenses promovem os maiores massacres sanguinários alegando a defesa de valores *democráticos e cristãos.*

Felizmente, a ação de alguns religiosos, como citamos anteriormente, mantém a palavra de Cristo próxima de seu ideal de fraternidade e busca de dignidade da condição humana. Igualmente outras religiões não-cristãs caminham nesse mesmo sentido de busca de dignidade e igualdade entre os homens. Sem sombra de dúvida, podemos afirmar que todas, embora possam apresentar divergências em suas filosofias religiosas e até mesmo na concepção de deidade, contribuem para que as relações humanas sejam menos áridas e que a busca da paz e da fraternidade seja um ideal a ser perseguido de maneira incansável.

Talvez a prática da caridade junto aos excluídos seja banida da face da Terra quando o ideário de todas essas religiões – cristãs e não-cristãs – for atin-

---

[4] Ao final do século XX, no ano 2000, escolheu-se aquela que seria considerada a personalidade do milênio. São Francisco de Assis ganhou essa menção pelo exemplo de sua vida e, mais do que isso, pela maneira como mostrou com seu exemplo o escárnio provocado na dignidade humana pelo acúmulo de bens materiais. Ghandi também mereceu destaque nessa escolha, pois mostrou ao mundo o enfrentamento a uma situação de opressão – a invasão inglesa na Índia – com a paz e a busca de condições dignas que excluíssem automaticamente qualquer forma de violência. Em um de seus ensinamentos mais fascinantes, ele diz: "Transforme em você as modificações que deseja no mundo".

gido em toda a sua plenitude. E o amor solidário será direcionado apenas para aquelas situações nas quais o nosso semelhante esteja quedado diante de alguma vicissitude da vida, e não em razão de ser excluído pela violência com a qual o capitalismo ceifa sua vítimas mais indefesas. Certamente não faltarão situações que prescindam da solidariedade humana, pois temas como solidão, depressão, tédio, suicídio etc. continuarão a fazer parte da condição humana, independentemente das condições socioeconômicas que estejam a balizar nossas vidas. O que sonhamos, na condição de sonhadores irreversíveis, é com uma sociedade justa e fraterna em que não haja pessoas acometidas pela violência da exclusão social.

A Árvore do Amor

Valdemar Augusto Angerami

Para Paulinha,
a minha menininha que
cresceu e virou mulher...

Eu sou a árvore do amor... no inverno
sou o ardor, a vida e a luz da
exuberância do Ipê-Roxo... eu sou o amor...
a ilusão... o inverno...
A vermelha paixão das flores da Suinã...
A adolescência que se foi e a meninice que
está por vir... o branco da paz e da ternura
nas flores da margarida... do emocionante retorno...
do Jequitibá... do Juazeiro... do Pau-D'Alho...
A alegria de um novo encontro... o colorido de encantamento
das azaléias... a magia das cores do Bico-de-Papagaio...
do Jatobá... da Copaíba... do Baobá...
Da volta para casa e o reencontro no aeroporto...
Eu sou a florada de inverno... a vida... o amor...
A algazarra dos pássaros na alegria do amanhecer...
do Carguatá... do Jacarandá-da-Baía... do Pau-Brasil...
Da lágrima de dor... de alegria... e do sorriso de criança...

Na primavera sou a alegria das flores
azul-roxeadas do Jacarandá-Mimoso... a transcendência do
amarelo-ouro das flores da Tipuana... a leveza de uma noite de chuva
que escorre pelo telhado... dos bugios cantando a alegria
da vida nas galhas da Embaúba... da adolescente que
esperava a perua escolar e se tornou
mulher... a espiritualidade da
florada da Sibipiruna... o sonho azul da ternura...
A Figueira branca trazendo a leveza da esperança... eu sou a primavera...
das Magnólias... da Sapucaia... dos Oitis...
As asas de uma borboleta passeando pelas flores... do Ipê-Rosa...
do Pau-Ferro... da Araucária... da Aroeira...
do passeio pelas ruas noturnas da cidade...
Da caminhada pela praia enluarada...
Do Amargoso... da Gameleira... da Mangabeira...
Dos pássaros buscando pela seiva da vida
nas floradas do Ipê-Amarelo...

Eu sou a brisa das manhãs primaveris... eu sou os lábios de uma
criança lambuzada de algodão doce azul... eu sou fé da
ilusão... Do Jerivá... da Paracaúba... do Angico...
E de que a vida é uma intensa e alegre primavera...

No verão, sou a florada mágica do Flamboyant...
vermelho que dá luz e cor aos dias de verão...
encantamento de um passeio
à beira-mar... da florada estonteante da Cássia Imperial,
o amarelo da alma em cachos de flor... e da menininha
que usava brinco com suas flores... do Ipê-Branco...
do Mogno... da Cerejeira... dos dias que se
estendem pela noite... do som estridente das cigarras
anunciando as cores mágicas do verão... do tempo de luz... do
Açoita-Cavalo... da Amoreira... da Carnaúba... da criança
que corre na praia com o baldinho de areia... da luz do dia
que se mostra na florada do Lírio-do-Brejo... da vida que
se abre para novas formas de amor... da cerveja gelada
que se derrama na boca... dos dias em que a alma
se mostra com as cores da paixão... paixão de uma
noite quente de verão... da Paracaúba... do Carvalho...
do Eucalipto... do ardor que se sente na alma
com o Sol tocando na pele... da moça-mulher
que descobre os encantos da vida e se
encanta com as floradas do amor...

No outono sou as flores roxeadas, brancas
e rosas da Quaresmeira... do amarelo reluzente
das flores da Cássia Aleluia... da alegria de
se assistir a uma mostra de cinema... de descobrir
novos fundamentos filosóficos... da Imbuia... da
Maçaranduba... do Cambará...
Da construção de uma sociedade mais justa
e fraterna... do renascimento da Páscoa...
Da esperança de um novo tempo... do Pinho...
Do Cedro... do Salgueiro...
Das flores roseadas da Paineira... do desfolhar
das emoções... do farfalhar do amor...
Da esperança que tinge de azul o
desamor... da criança cantando uma
nova cantiga de roda... da renovação
que se mostra em cada detalhe da vida...

Das cores alaranjadas da florada da Espatódia... do Manacá-da-Serra... do Araribá... da crença de que a criança de ontem é a mulher de hoje... e que a vida é a árvore que nos energiza a alma de amor e paixão...

Capítulo 7

O Amor Erótico

Gosto muito dos teus cabelos...
de vê-los cacheados
sobre os ombros...
ou mesmo dando traços mais delicados
ao teu rosto e ao teu sorrir...
E de como também adoro vê-los desalinhados
quando você cavalga loucamente
sobre o meu corpo...
e de como o teu galope no prazer do amor
faz o teu cabelo esvoaçar como se
estivesse diante da brisa marinha. *

* ANGERAMI, V. A. (org.) *Psicoterapia fenomenológico-existencial*. São Paulo: Thomson Learning, 2003.

7.1 Considerações Iniciais

Nas sociedades contemporâneas do Ocidente, a predominância judaico-cristã determina uma moral muito rígida em relação ao comportamento sexual. Assim, a sexualidade recebe a pecha de pecaminosa e a sua vivência é algo considerado execrável pela moral social. Podemos observar, desde o episódio bíblico de Adão e Eva, em que eles perdem o Paraíso depois que descobrem o sexo, até o fato de Cristo ter sido *concebido sem pecado* por uma virgem pura e casta, toda sorte de condenação ao ato sexual. A sociedade como um todo incorpora esses valores do cristianismo e a sua moral passa a defendê-los de modo totalitário. A pureza das virgens é valor buscado e venerado pelos homens, quando se pensa em escolher aquela que será a mãe de seus filhos. Experiências sexuais anteriores são consideradas improbidades para as mulheres, ao mesmo tempo em que é virtude nos homens.

O catolicismo, a principal vertente do cristianismo, defende a tese de que a mãe de Jesus era virgem, embora fosse casada. E, por mais que essa possibilidade seja questionada até mesmo dentro de suas lides, o fato é que se aceita que Maria possa ter dado à luz sem a efetivação do ato sexual, que é algo considerado impuro e não deve fazer parte do rol de possibilidades da *mãe de Cristo*. Esse fato é defendido ardorosamente, pois seria o prenúncio do que anunciavam os antigos profetas do judaísmo: o Messias nasceria de uma virgem. Os judeus, no entanto, não aceitam essa versão e continuam a esperar o Messias até os dias de hoje. Controvérsias à parte, o fato é que a moral sexual do judaísmo – rígido e predominantemente machista – foi seqüenciada pelo cristianismo e, na atualidade, encontram-se fundidas na mesma essência. Os religiosos católicos professam votos de castidade, obediência e humildade. Embora saibamos que na prática muitos desses religiosos mantêm vida sexual com regularidade, o fato principal é a preocupação de seus líderes de afastar a sexualidade de seus seguidores. O apóstolo Paulo, em uma de suas cartas dirigidas às primeiras comunidades cristãs, aconselha que se afastem das tentações da carne e deixem elevar-se apenas pelas virtudes do espírito, ou seja, é proposto que a sexualidade não deve fazer parte das possibilidades desses cristãos por mais que essa seja uma das funções humanas mais dignas e responsáveis, até mesmo pela preservação da própria espécie.

É interessante observar-se também como os termos que definem ato sexual ganharam conotações pejorativas. No dicionário, vamos encontrar para a palavra "foder" o significado de ato sexual; no entanto, o seu verdadeiro sentido social é uma palavra de baixo calão, que ofende quando dirigida a alguém: "Vá se foder!", que em princípio quer dizer vá ter uma relação sexual, é um palavrão indigesto, proferido em casos de extrema intolerância. Outras expressões que igualmente definem o ato sexual dão igualmente a medida do preconceito moral que o envolve. Assim, as pessoas referem-se ao ato sexual como "sacanagem", "porcaria", "putaria", "baixaria" etc. Dificilmente vamos encontrar termos que não ofereçam uma conotação conspurcada à sexualidade. E isso em que pese os avanços conquistados em relação à liberação sexual e aos costumes morais que determinam padrões tão rígidos de comportamento à sociedade.

Em termos filosóficos, temos a seguinte definição de Eros: amor, sensualidade no sentido de erótico, envolvendo, portanto, erotismo. Nesse sentido, quando se define o amor de relacionamentos nos quais a sexualidade se faz presente – namorados, amantes, cônjuges etc. –, a definição conceitual empregada define o amor como sendo erótico, distinguindo-o, portanto, de outras manifestações de amor.

Embora na língua portuguesa igualmente usemos a expressão erotismo para definir sexualidade, o termo não é utilizado para uma relação conjugal, por exemplo. Raramente encontramos a expressão "amor erótico" para se definir um relacionamento de namorados ou mesmo de amantes.

Na tradição cristã, o amor é afastado do erotismo, que é condenado como sendo algo que deve ser expurgado e execrado da condição humana. É enfatizada a renúncia do amor erótico, acentuando-se a sua transformação em um amor apaixonado, mas canalizado para a idealização mística. Exemplo dessa citação é o amor de São Francisco de Assis por Santa Clara e a respectiva renúncia em prol dos ideais cristãos. Esse mesmo componente de dedicação altruística, amor divino tingido de grande carga passional, é encontrado em muitos santos cristãos, de São Francisco de Assis a Santa Teresa d'Ávila. E isso em que pese o fato de um dos mais belos cantos erótico-amorosos, O Cântico dos Cânticos, fazer parte da Bíblia, no Antigo Testamento.

Alberoni[1], citando Freud, coloca que "o prazer sexual é o maior dos prazeres". Por isso está em condições de criar as mais fortes ligações. É dizer que, se alguém nos proporciona um grande prazer erótico, procuraremos encontrá-lo novamente, depois mais e mais vezes. Cada experiência positiva, cada êxtase alcançado, reforça a necessidade do outro. Se a experiência de prazer renovado é bilateral entre as duas pessoas, será estabelecida uma ligação duradoura, capaz de resistir até mesmo a graves frustrações. Às colocações de Freud

1 ALBERONI, F. O *erotismo*. São Paulo: Círculo do Livro, 1991.

apud Alberoni[2] podemos ainda acrescentar o fato de que o ser humano é racional, portanto capaz de procurar ativamente alguém que lhe proporcione prazer e comportar-se de modo apropriado com ele. Evidentemente não estamos, com essas colocações, negando outras variáveis presentes em um relacionamento como afinidade de valores, a mesma concepção de mundo e de homem etc., pois, se é fato que o erotismo é um dos grandes componentes presentes em um relacionamento amoroso, a afinidade de valores e ideais é igualmente imprescindível. Assim, se essa pessoa me agrada, e nesse quesito precisamos incluir toda a gama de admiração que tenho pelo outro a partir da afinidade de ideais, tentarei evitar situações desagradáveis, procurando, a cada vez, um encontro perfeito. Acrescente-se que procurarei que seja perfeito não somente para mim como também para ela, pois, além do seu *desejo*, também desejarei que a nossa afinidade se desenvolva e cresça em níveis bastante significativos de enriquecimento existencial.

Esse é o princípio para que duas pessoas que tenham encontros agradáveis estabeleçam uma ligação cada vez mais forte. É dizer que o relacionamento amoroso é visto como um desdobramento do relacionamento erótico que se manifesta em outros âmbitos e que, embora também se solidifique na experiência da sexualidade, precisa igualmente de outras afinidades para que possa se consolidar de maneira bastante consistente. Podemos colocar, então, que a arte erótica coloca-se como um quesito indispensável para a arte de amar, constituindo-se assim em um capítulo da história de vida e amor de nossas vidas. E, embora as diferenças pessoais de cada peculiaridade amorosa possam ser colocadas no bojo das discussões desta análise, é fato que estamos apenas fazendo uma colocação básica sobre a maneira como o erotismo, com todo o prazer que a exuberância sexual traz às nossas vidas, se manifesta de maneira amorosa em nossa condição humana.

O relacionamento amoroso e que traz a presença do erotismo é algo cuja análise sofre amiúde freqüentes ondulações de análise, sempre vincadas pelo esboço teórico que está a embasar tal análise. A presença de questões morais que se transformam ao longo do desenvolvimento social é, por si só, uma determinante que pode estabelecer essas diferenças de análise. Mora[3] assevera que a diferença essencial entre os conceitos grego e cristão de amor pode ser apresentada de maneiras bastante peculiares. Na concepção grega, o amor é a aspiração do menos perfeito ao mais perfeito. Nesse sentido, pressupõe a imperfeição do amante e a perfeição ou maior perfeição do ser

2 ALBERONI, F. Op. cit.

3 MORA, J. F. *Dicionário de filosofia*. São Paulo: Martins Fontes, 2001.

amado. Então, quando a perfeição do amado é absoluta, nada mais importa. O objeto do amor é a perfeição em si, o sumo bem – ou o belo e o bom somados. A idealização que se faz do amado é algo concebido em termos imaginários e que às vezes não tem sequer sustentação no real. O movimento "real" parte do amante, mas o movimento "final", a meta que atrai, está no amado ou na idealização que se faz dele. A relação entre amante e amado pode ser vivida em dois seres humanos, mas esse é apenas um dos casos possíveis, embora muito importante. Esse nível de idealização pode ocorrer igualmente em objetos inanimados, com o amante venerando diferentes manifestações de seu constitutivo. A vivência de duas pessoas é uma das formas de uma relação metafísica, pois o que se vive não pode ser considerado como algo material e que necessite formas concretas de realidade. É o universo dos sentimentos, da vivência, da emoção que lateja na alma e se expande na própria vida. Nessa forma de amor, temos o movimento de cada coisa para sua perfeição – para o seu Ideal – dentro de uma movimentação hierárquica.

Merleau-Ponty[4] coloca que, se o corpo pode simbolizar a existência, é porque a realiza e porque é sua atualidade. O desejo envolve sentimentos, emoções e uma reciprocidade em um movimento de troca de afetividade em busca de novos desdobramentos da própria existência. Aquilo que desejamos possuir não é, portanto, um corpo inanimado, mas corpo que se expressa por meio de uma consciência. A importância que atribuímos ao corpo, com suas contradições do amor, liga-se a questões mais gerais que nos remetem à própria estrutura metafísica do corpo.

Por outro lado, na concepção cristã, o amor também se origina no amado, não apenas como causa final, mas também como um "movimento" real. Assim, vamos encontrar mais amor no amado que no amante, já que um dos preceitos cristãos assevera que o autêntico amor é a tendência do superior e perfeito a descer até o inferior e imperfeito, com a finalidade de atraí-lo e salvá-lo. O amor cristão é abundância, algo que jorra nos filigranas de um relacionamento e transborda em dádivas de estima e afeto de todas as formas.

É na vivência erótica que os valores culturais se desarvoram e criam paradigmas que se transformam com a mutação social.

---

[4] MERLEAU-PONTY, M. *Fenomenologia da percepção*. São Paulo: Martins Fontes, 1999.

7.2 Sobre a Paixão

Um corcel galopando ao vento,
exibindo seu pêlo brilhando
ao sol com a graciosidade de sua
crina e o movimento de
suas pernas alongadas
não tem a beleza
do teu caminhar...
O teu ser é a configuração perfeita
do ser calipígia... da deusa da sedução,
da deusa mulher deificada em
contornos sublimes e suaves...
Da vodca gelada e lançada ao corpo...
e sorvida em cada detalhe...
em cada fragrância...
do tanto que se vive cada momento
em cada toque de magia que o teu
ser evoca...[5]

As diferentes formas em que o amor erótico se configura também são motivo de muita controvérsia no bojo de sua análise. A paixão, por exemplo, é definida de diferentes formas por diferentes correntes teóricas e filosóficas. E, por mais diversas que sejam essas explicações, certamente a vivência de uma paixão transcende a qualquer esboço teórico, por mais brilhante que esse possa ser. E, assim, desde explicações nas quais a paixão ocorre pelo fato de o amante encontrar no amado as próprias virtudes, ou ainda que paixão é a simples idealização daquilo que desejo no outro, vamos encontrar um sem-número de detalhamentos que não atingem o que é vivido por duas pessoas apaixonadas. O que se vive em um relacionamento erótico é algo buscado nos recôncavos da alma, seja pelo fato de se procurar a estabilidade emocional preconizada pela psicanálise, seja, na visão existencial, para se buscar uma forma de vivência humana na qual o outro surge como configuração real da minha humanidade. O fato é que a vivência erótico-amorosa é algo de que a condição humana não tem como prescindir.

[5] ANGERAMI, V. A. (org.) Da magia da florada da suinã. In: *Psicoterapia fenomenológico-existencial*. São Paulo: Thomson Learning, 2003.

Stendhal[6], o grande romancista francês citado anteriormente, refletindo sobre o amor, fez uma distinção entre o amor-paixão e o amor-simpatia, amor-sensual e amor de vaidade, ao tratar do amor entre homem e mulher. A distinção que faz desses conceitos praticamente não os torna diferentes em sua essência; merecem destaque de citação apenas pela importância que teve em outros momentos da história. E isso sem dúvida alguma devido muito mais ao esplendor de suas obras, que o colocam entre os grandes romancistas de todos os tempos. Apesar disso, vamos encontrar na atualidade muitas pesquisas que tentam definir o amor em parâmetros considerados científicos e que partem das definições de Stendhal. Assim, por exemplo, Marazziti et al.[7] estudaram a fase precoce do amor, baseados na definição feita por Stendhal, como uma paixão não consumada, buscando pessoas apaixonadas e que ainda não haviam tido relações sexuais com o ser amado, para observarem as reações químicas que ocorriam nessas pessoas.

A psiquiatria moderna, em seu afã de identificar e localizar onde ocorre, em níveis orgânicos, a emoção vivida, também buscou estudar o amor. Dentre suas conclusões, definiu que, do ponto de vista hormonal, a primeira fase do amor, aquela em que ocorre a idealização e que leva ao encantamento, faria intervir circuitos de neurônios que utilizam a serotonina. Estudos genéticos sugerem que essas redes teriam um papel inibidor do comportamento, suscitando nos apaixonados formas de amor duráveis e românticas, marcadas pela timidez e caracterizadas por preocupações quase obsessivas em relação ao objeto de amor. Outro grupo de neurônios se utiliza da dopamina, que atua nos comportamentos ligados ao prazer e até mesmo naqueles ligados à dependência. Esses estudos psiquiátricos concluíram que pessoas que têm um sistema dopaminérgico buscam permanentemente aventuras sexuais, além de terem freqüentes variações cíclicas do humor, o que faz com que sejam mais flexíveis nas questões da vida. Esses estudos concluem que um funcionamento que oscila entre esses dois sistemas cerebrais, o da serotonina e o da dopamina, teria condição de tornar a pessoa intensamente apaixonada e, em outro momento, tranqüila em relação aos quesitos do amor. Assim, estaríamos todos categorizados em termos químicos sobre o que sentimos ao viver esse algo indelével chamado amor. Dissemos anteriormente, exaustivas vezes, que o amor é algo que se sente no âmago de uma emoção e não pode ser definido e enquadrado em parâmetros racionais, o que torna essas afirmações psiquiátricas semelhantes às feitas pela

---

6 STENDHAL. *Do amor*. São Paulo: Martins Fontes, 1993.

7 MARAZZITI, D. et al. Alteration of the platelet serotonin transporter in romantic love. In: *Psychol. med.*, v. 29, n. 3, 1999.

abordagem cognitiva e comportamental, que tentam enquadrar o comportamento humano baseadas em estudos realizados com animais, concepções das quais discordamos frontalmente.

Roger[8], em contrapartida, em uma obra na qual procurou analisar diferentes formas de amor, de relacionamentos tradicionais até formas de amor em grupo, passando outras variações poligâmicas, mostra a maneira como as diferentes configurações de amor são buscadas, tendo como ponto de convergência a procura da própria realização humana. As diversas variações de amor indicadas em seus estudos mostram que se busca, na quase totalidade das vezes, a vivência do prazer e a realização pessoal que as formas tradicionais de amor não estão permitindo. O que pode ser definido como amor necessita de reformulações diante do que se está analisando para não cair em mero jugo moral.

Vimos que o romantismo, de início um movimento de rebeldia, idealizava a mulher de modo a torná-la inatingível. E ainda hoje, em pleno século XXI, vamos encontrar alusões ao amor erótico que ainda trazem em seu bojo os aspectos que norteavam o romantismo. É a famosa constatação de que o amor, para ser verdadeiro, necessita apresentar os arroubos e rompantes presentes nas narrativas dos grandes romances. A realidade de amor, construída nos diferentes âmbitos de uma relação, incluindo-se aí desde a vivência erótica até a construção de alicerces de afinidade para sustentação do relacionamento, não terá importância se não apresentar os indícios de dramaticidade presentes nos grandes romances. E, por mais que essas colocações possam parecer distantes da realidade dos fatos, é muito comum presenciar pessoas que vivem crises amorosas pela falta desses elementos em seus relacionamentos. Também é comum encontrar pessoas que desejam fundir suas personalidades individuais em uma só, fazendo do erotismo um instrumento para que tal fim seja alcançado. A fusão com o outro passa a ser a determinante buscada e almejada em níveis de idealização. No entanto, não é possível estender os limites pessoais do ser, quer absorvendo o outro, quer sendo absorvido por ele. O desejo de assimilação do outro é doentio e nunca será satisfeito.

Destaque-se, como exemplo dessa patologia, que no romantismo o amor e a morte eram temas entrelaçados e o pacto de suicídio consagrava o *grande amor*. E até mesmo em termos de literatura mística exalta-se a morte nesta vida

---

8 ROGER, C. *Novas formas de amor*. Rio de Janeiro: José Olympio, 1979.

para se viver em Deus. Torna-se evidente que o desejo de fusão nada mais é, em sua essência, do que o desejo de aniquilar-se a si próprio como indivíduo existente, pois, ao buscar fundir-me com o outro, o que está em cena é um processo mútuo de aniquilação. Podemos então colocar que o amor erótico é uma relação intensa entre duas pessoas, isto é, dois agentes humanos livres. E o mútuo reconhecimento da liberdade própria, e também da do outro, é condição imprescindível para sua ocorrência. Ao reconhecer a realidade humana do outro, o amor é possível e certamente será alicerçado em bases sólidas nas quais podem surgir atritos, rusgas etc., mas a condição de humanidade permanecerá para o outro como presença viva e de valor inestimável. O mútuo reconhecimento da liberdade do outro separa duas pessoas e garante sua individualidade. Ao mesmo tempo em que um se revela ao outro como pessoa, permite a busca dos mais diferentes tipos de vivência, incluindo-se aí o erotismo.

Sartre[9] coloca que querer ser amado é querer colocar-se para além de todo o sistema de valores do outro e ser tomado como a condição de toda valorização e o fundamento objetivo de todos os valores. O amante exige que o amado sacrifique, em seus atos, a moral tradicional. Para atingir o objetivo, tenta excitar a paixão do outro, pois o que o amante busca é possuir a liberdade como liberdade, quer ser amado por meio de uma liberdade, mas, paradoxalmente, exige que essa liberdade - como liberdade - não seja mais livre. Dessa forma, não é o determinismo das paixões que é procurado na vivência amorosa, mas uma liberdade que representa o papel do determinismo das paixões e que acaba por enlear-se na própria representação da vivência em si. O desejo de ser amado está condenado à perpétua insegurança, pois sua estruturação está vinculada à liberdade do outro, da qual eu sou refém. E essa concepção de assimilação da liberdade do outro faz com que o amor, pela própria definição e natureza, torne-se algo insólito e nos remeta ao infinito, pois amar é querer ser amado. O amor desvinculado do outro é, por definição, uma abstração inatingível pela condição humana, pois até mesmo os místicos, que dizem prescindir do outro, buscam-no por meio da configuração encarnada de Deus.

O erotismo, ao estabelecer configurações precisas e específicas a determinados relacionamentos, também definirá o constitutivo pelo qual a configuração do prazer se processa em nossa realidade subjetiva. O processo de sedução varia de acordo com as configurações sociais, mas sempre está presente quando se trata do

[9] SARTRE, J. P. O *ser e o nada*. Petrópolis: Vozes, 1998.

amor erótico. E podemos afirmar, sem margem de erro, que o processo de sedução é muitas vezes mais excitante do que a própria vivência erótica em que estará presente o toque corpóreo. Embora muitos autores afirmem que o processo de sedução já faz parte do erotismo propriamente dito, a separação entre o processo sedutor e a vivência do toque corpóreo é feita a partir da constatação de que necessariamente eles não existem seqüencialmente, pois muitas vezes pode existir a sedução sem o toque corpóreo e vice-versa.

Flaubert[10], no romance *Madame Bovary*, mostra o requinte da sedução em uma cena na qual não há a vivência sexual do toque, mas que lateja nas entrelinhas dos discursos das personagens. Leão é um jovem que, percebendo-se envolvido e apaixonado, deseja se afastar de Ema Bovary, em razão de ela ser casada. Decide então se mudar para Paris, e a cena de despedida é assim narrada:

> *Quando chegou ao alto da escada, parou, de tal maneira que lhe faltava o fôlego. À sua entrada, a senhora Bovary levantou-se vivamente. – Sou eu ainda! – disse Leão. – Tinha a certeza disso! Ema mordeu os lábios, e uma onda de sangue percorreu-lhe a pele, que se coloriu de cor-de-rosa, da raiz dos cabelos até à gola. Permanecia em pé, com o ombro apoiado na moldura da janela. – O senhor não está? – perguntou ele. – Saiu. Ela repetiu: – Saiu. Houve então um silêncio. Olharam-se, os seus pensamentos, confundidos numa mesma angústia, apertavam-se fortemente, como dois peitos palpitantes. A senhora Bovary, de costas, tinha o rosto encostado à vidraça; Leão segurava o boné na mão e batia com ele na coxa. – Vai chover – disse Ema. – Tenho uma capa – respondeu ele. – Ah! Ela virou-se com a cabeça baixa. A luz deslizava-lhe pela testa como sobre mármores, até a curva das sobrancelhas, sem que se pudesse saber o que olhava Ema no horizonte, nem o que pensava no fundo de si mesma. – Bom, adeus, suspirou ele. Ela levantou a cabeça com um movimento brusco. – Sim, adeus... vá embora! Avançaram um para o outro, ele estendeu-lhe a mão, ela hesitou. – Está bem, à inglesa – disse ela, entregando-lhe a mão, enquanto se esforçava por rir. Leão sentiu-a entre os dedos, e a própria substância de todo o seu ser lhe pareceu descer para aquela palma úmida. Depois, voltou a abrir a mão; os olhos de ambos encontraram-se mais uma vez, e ele desapareceu.*

A vivência erótica dessa cena prescinde do toque corpóreo, embora a descrição do afagar de mãos transcenda qualquer conceituação que se queira fazer.

---

10 FLAUBERT, G. *Madame Bovary*. São Paulo: Clube Internacional do Livro, 1999.

Ao se buscar o outro como forma de sustentação vital, mais do que qualquer concepção que se possa fazer sobre o amor, é a nossa humanidade que está sendo configurada em seu constitutivo mais pleno e verdadeiro. O amor implica a concepção de tolerância ao outro, lançando-o forçosamente em um mundo tolerante. É lançar mão da própria afirmação de si próprio para acolher o outro com todas as suas vicissitudes. É dimensionar que o outro precisa ser acolhido em sua condição humana e não na concepção criada pela idealização. Muitos relacionamentos estão fadados ao fracasso pela imposição de valores que se faz ao outro. O respeito pela liberdade alheia é indispensável para que um relacionamento possa se sustentar em bases sólidas. No entanto, essa premissa de respeito à liberdade do outro é igualmente cerne de conflitos, na medida em que tal posicionamento implica necessariamente a convivência com a divergência.

Oscar Wilde[11], em *De profundis*, refletindo sobre o amor, coloca que

> *Cristo, como todas as personagens fascinantes, tinha o poder não só dele mesmo dizer coisas maravilhosas, mas ainda o de fazer dizer coisas belas aos outros. Gosto da história que S. Marcos nos conta de uma mulher grega, cuja fé Ele pôs à prova, quando disse que não lhe podia dar o pão dos filhos de Israel e ela replicou que os cachorrinhos, que estão debaixo da mesa de seu amo, comem as migalhas que os filhos deixam cair*[12].

Wilde, na seqüência, pontua que a maior parte das pessoas vive para a admiração e para o amor, mas é para o amor e para a admiração que todos devíamos viver. É dizer que, quando nos dão provas de amor, devíamos reconhecer que dele somos perfeitamente indignos. Ninguém é digno de ser amado se tomarmos a idealização como busca do amor. Esse aspecto da admiração, como foi dito anteriormente, é quesito indispensável para todo e qualquer relacionamento amoroso. E, quando Wilde foca a admiração pelo belo, pelo objeto de arte, ele está, na realidade, mostrando que a con-

[11] Oscar Wilde, nascido em Dublin, foi condenado à prisão por uma sociedade puritana que o julgou e sentenciou por causa de sua condição homossexual. Seu livro *De profundis* foi escrito durante sua estada na prisão. No entanto, sua genialidade artística não se recuperou desse golpe e apenas três anos após a libertação sucumbiu diante dos sofrimentos e humilhação que essa condição lhe impôs. Entre a sua obra, podemos destacar *De profundis*, *O retrato de Dorian Gray* e *A mulher sem importância*. O julgamento e a prisão foram sua ruína total e a morte não tardou a cortar a possibilidade de recuperação moral e desenvolvimento de novos caminhos de beleza desse homem torturado e sofredor que o puritanismo social ceifou em todas as suas possibilidades. Sua literatura evoca o belo, a busca pela perfeição nas suas manifestações mais admiráveis e sublimes.

[12] WILDE, O. *De profundis*. São Paulo: Clube do Livro, 1958.

templação existente no contexto artístico é uma forma de relacionamento amoroso, uma maneira distinta daquela que envolve pessoas, mas que igualmente apresenta em seu bojo os elementos indispensáveis para uma admiração autêntica e absoluta.

O filme *Frida*, da diretora Julie Taymor, narra a história de Frida Kahlo, notória artista plástica mexicana que revolucionou os costumes sociais no mundo artístico, nas primeiras décadas do século XX. Na cena de seu casamento com o também artista plástico Diego Rivera, uma amiga do casal profere um discurso que ilustra muito bem as dificuldades de um relacionamento conjugal. Diz ela:

> *Não acredito no casamento... Não mesmo. Preciso deixar isso claro. No mínimo é um ato político hostil... O modo como medíocres mantêm a mulher em casa... E fora do caminho à guisa da tradição e do conservadorismo religioso. É só uma bela ilusão: dois seres que se amam e que nem imaginam o quanto farão o parceiro infeliz. Mas quando duas pessoas sabem disso e decidem de olhos abertos enfrentar o casamento mesmo assim, não acho que seja conservadorismo, nem um delírio. É sim um ato racional, corajoso e muito romântico.*

Essas palavras, refletindo sobre a natureza de um relacionamento que envolve duas pessoas que se propõem a criar uma série de projetos para suas vidas, representam o próprio dimensionamento de necessidade da presença do outro em nossas vidas, em que pesem as vicissitudes que possam surgir ao longo do caminho. É dizer que não é possível um relacionamento com o outro se não tivermos bastante claro que a sua liberdade não pode ser tolhida, e que pode implicar conflitos e desavenças que precisam ser considerados como inerentes ao relacionamento, para que possam ser devidamente enfrentados e superados.

Nossa estrutura emocional, ao ser vinculada a um relacionamento erótico-conjugal, pode, muitas vezes, ser resultado de muitas promessas incompatíveis em suas conseqüências com o outro. Tentar manter fidelidade a uma promessa com toda a intensidade do momento em que foi feita implica um cerceamento do próprio desdobramento que a existência promove. Toda promessa é o empenho do futuro, uma tentativa de suborná-lo a uma exigência que deve ser reconstruída continuamente. Exige que se limite o futuro dentro daquilo que foi decidido em outras circunstâncias. A convivência com o outro é uma promessa que implica em assumi-lo com toda a sua gama de divergências em relação ao nosso ser.

Alberoni[13] coloca que há no erotismo um elemento de revolta contra esse estado de coisas. Em sua visão, há no erotismo masculino uma tendência a recusar os deveres, os compromissos e as próprias implicações e limitações de um relacionamento estável de amor. E também na mulher, ainda segundo Alberoni, no seu desejo de amor, está oculta a necessidade de que esse amor seja continuamente livre, continuamente recriado e jamais reduzido ao dever de amar, lembrança de um compromisso de amar que existiu no passado e que não é mais sentido hoje. Ou, nas palavras de Vinicius de Moraes: "(...) que não seja imortal posto que é chama, mas que seja infinito enquanto dure".

O amor, na visão de muitos autores e até de pessoas que o vivenciam, é ligação e dependência recíprocas, mas dentro da liberdade e do respeito às peculiaridades do outro. A promessa não admite a liberdade em sua estrutura. O amor não pode aceitar promessas, pois essas o levarão a um estado de resignação. O amor é revelação, mistério. É descobrir o outro a cada dia, a cada instante. É a conquista que se renova em cada encontro e, portanto, não pode estar vinculado a promessas que se mantêm estanques no passado.

Merleau-Ponty[14] ensina que a percepção erótica não é um *cogitatio* que visa a um *cogitatum*: por meio de um corpo, ela visa a outro corpo; ela se faz no mundo e não em uma consciência. É dizer que a nossa vivência erótica se efetiva no contato corpóreo com o outro e não apenas no imaginário, embora muito de nossa vivência sexual aí se origina e se torna constitutivo de nossas buscas e realizações nessa área. Uma vivência tem, para mim, uma significação sexual não quando me apresento como se estivesse em um espetáculo, mas, ao contrário, quando ela se cristaliza em minha realidade corpórea. Há uma compreensão erótica que não é da ordem do entendimento, já que ele compreende pela percepção de uma experiência sob uma idéia, enquanto o desejo compreende cegamente, ligando um corpo a outro corpo.

A sexualidade vivida como manifestação político-idelológica, tal qual ocorreu na década de 1960, por exemplo, traz em si a configuração não apenas da contestação de valores morais e suas respectivas rupturas como também o expressionismo de algo estritamente humano e que estava sendo cerceado ao bel-prazer do conservadorismo arcaico da contemporaneidade. A contestação que se expressa pela sexualidade transcende, na realidade, todo e qualquer aspecto ideológico, pois é uma manifestação humana que ocorre no

[13] ALBERONI, F. *O erotismo*. São Paulo: Círculo do Livro, 1991.

[14] MERLEAU-PONTY, M. *Fenomenologia da percepção*. São Paulo: Martins Fontes, 1999.

cerne da experiência sensível de pessoas que se tocam em níveis corpóreos e que, ao fazê-lo, atingem patamares superiores da própria elevação espiritual.

O relacionamento amoroso necessita de futuro, mesmo que seja imediato e vivido no presente em transformação. Hoje mais do que ontem, agora mais do que há instantes. O amor é um contínuo desvendamento, revelação, ativação de potencialidades adormecidas e não aceita nenhuma forma de resignação e quietismo em suas estruturas. O amor nos liberta de nossas amarras existenciais, desde que tenhamos a coragem de nele mergulhar sem pruridos e falsos pudores.

A vivência erótica é buscada não apenas como uma necessidade básica da condição humana – isso em termos fisiológicos de procriação –, mas também como uma totalização que envolve a alma em transcendência da condição corporal. As correntes místicas, principalmente as orientais, situam na sexualidade uma fonte de energização da alma que é buscada no toque corpóreo, mas que é alimento espiritual indispensável ao nosso desenvolvimento humano. Merleau-Ponty[15] ensina que a abertura para o mundo supõe que ele seja e permaneça horizontal, não porque minha visão o faça recuar além dela mesma, mas porque, de alguma maneira, aquele que o vê lhe pertence e está nele instalado. A vivência erótica ao longo de nossa vida é algo que permanece em nós de maneira indelével. É como se fôssemos o resultado de toda essa vivência e que o somatório de nossa experiência existencial tivesse em seu constitutivo as marcas deixadas pelo erotismo em nosso ser.

Viver o amor é entregar-se ao sabor de uma emoção que se renova na alma humana e cuja essência só pode ser descrita pelo poeta, nunca por autores acadêmicos, que têm na racionalidade científica a base primeira de seus escritos. Mesmo que o amor seja descrito pelo poeta de modo magnífico, ainda assim, o que é sentido e experenciado em um relacionamento erótico não tem como ser descrito em sua totalidade por palavras, por mais exuberantes que essas possam ser. Ou, ainda, nas palavras de Merleau-Ponty[16], cada sensação, sendo rigorosamente a primeira, a última e a única de sua espécie, é um nascimento e uma morte. O sujeito que tem sua experiência começa e termina com ela e, como ele não pode preceder nem sobreviver a si próprio, a sensação necessariamente se manifesta em si mesma em um meio de generalidade, provém aquém de mim mesmo, depende de uma sensibilidade que a precedeu e que sobreviverá a ela, assim como meu nascimento e minha morte pertencem a uma natalidade e a uma mortalidade anônimas.

---

[15] MERLEAU-PONTY, M. *O visível e o invisível*. São Paulo: Perspectiva, 1971.

[16] MERLEAU-PONTY, M. *Fenomenologia da percepção*. São Paulo: Martins Fontes, 1999.

O filme O *Império dos Sentidos*, do diretor Nagisa Oshima, mostra a paixão e o erotismo levados às últimas conseqüências. Nele, uma ex-prostituta se envolve em um caso de amor com o senhorio de uma propriedade onde ela é contratada como criada. E o que se inicia como uma diversão inconseqüente transforma-se em uma paixão que ultrapassa quaisquer limites. A força desse filme está justamente em mostrar a condição humana exposta a uma vivência avassaladora e a maneira como o descontrole dos sentimentos nos direciona a situações de total desequilíbrio. Um filme cuja força reside justamente no fato de mostrar a paixão buscando os limites corpóreos sem qualquer balizamento com a própria realidade.

Uma relação amorosa e, por assim dizer, as diferentes configurações do amor já foram descritas e definidas de todas as formas possíveis, em todos os períodos da história. No entanto, o que se sente e se vive no âmago de uma paixão pertence aos sentidos dos amantes e jamais ao esboço teórico e filosófico no qual se tenta enquadrá-lo.

O filme *Villa-Lobos, uma vida de paixão*, do diretor Zelito Viana, é igualmente um dos grandes filmes de todos os tempos, e isso em que pese o preconceito que existe, na grande maioria das pessoas, em relação ao cinema brasileiro. Nele é retratada, de maneira exuberante, a vida do nosso maior musicista. A maneira como se atirava às grandes vivências, aventuras na selva amazônica, a turbulência de seu primeiro casamento e, finalmente, seu envolvimento com Mindinha, aquela que seria sua companheira até o fim de seus dias. Sua música envolvente é permeada por momentos de eloqüência, em que mais do que a vivência de um grande amor é exposta a maneira como a música e a paixão tornaram-se um binômio indivisível em sua vida. O amor profundo com que o compositor deposita em Mindinha toda sua vida faz com que possamos refletir de maneira bastante otimista sobre o futuro dos relacionamentos interpessoais. Embora seja fato que a vivência de cada pessoa é única, ainda assim, a maneira como podemos espelhar nessa obra a entrega que se faz pelo amor é, sem dúvida, um grande alento às nossas vidas. É dizer que a vivência de duas pessoas jamais será repetida por outras e até mesmo o que um determinado ser viveu com o seu amante jamais será vivido em similaridade de intensidade e afeto nem mesmo com esse amante. O amor é experiência que não se repete. E a paixão é algo que se torna insólito quando se tenta acoplá-la a explicações teóricas. A razão que impulsiona a vivência dos grandes momentos de amor não cabe em qualquer tipo de explicação, por mais detalhada e ampla que possa ser.

7.3 O Amor Virtual

O amor virtual é um fenômeno contemporâneo sobre o qual, cada vez mais, os estudiosos se debruçam em busca de compreensão e análise de sua ocorrência. As diferentes manifestações do amor virtual e suas várias configurações exigem que tenhamos muito claro que as transformações ocorridas no seio de nossa sociedade nas últimas décadas levaram ao surgimento de formas de relacionamento que estão a exigir novos parâmetros de compreensão e reflexão. E, mesmo antes do domínio da Internet na área da tecnologia, tínhamos o recurso telefônico, que já preenchia o vazio de muitas pessoas com os serviços denominados *telessexo*. Esses serviços disponibilizam atendentes para usuários que desejem viver fantasias eróticas pelo telefone: basta ligar que uma pessoa devidamente treinada conduzirá a conversa para detalhes que envolvem desejo e excitação sexual.

Com o avanço da liberação dos costumes, o que se assiste na atualidade é que esses serviços apresentam nichos exclusivos de atendimento. Pode-se optar por atendimento heterossexual, homossexual masculino e feminino e ainda possíveis variações de transexualidade. E, apesar do surgimento das salas eróticas na rede da Internet, os serviços de *telessexo* continuam em franca expansão, atendendo pessoas dos mais variados segmentos sociais que recorrem a esses serviços em busca de prazer. No entanto, por maior que seja sua proliferação, é muito difícil uma compreensão desse tipo de busca de prazer, uma vez que a pessoa que efetiva a ligação sabe que do outro lado da linha alguém atenderá e dirá coisas iguais para qualquer interlocutor. A excitação provocada assim ocorre muito mais no imaginário de quem faz a ligação do que em qualquer outro âmbito que se queira analisar. Diferentemente da situação envolvendo duas pessoas conhecidas e que sejam amantes, que, ao se telefonarem, provoquem situações eróticas a partir da recordação da vivência de ambas. O telefonema anônimo a esses serviços não tem como provocar qualquer coisa que não seja no imaginário de quem faz a ligação. Assim, ao efetuar o telefonema, a pessoa já está em um nível de excitação que irá ao encontro da fala do interlocutor desses serviços. A própria imagem que se fará da pessoa que está no atendimento é igualmente livre e, portanto, de inteira criação de quem os acessa. A fala tórrida, provocante e carregada de conotação erótica é a mesma, independentemente do interlocutor, o que significa dizer que a excitação e o possível orgasmo ocorrem apenas em nível imaginário, com o outro se tornando amante nas circunstâncias que idealiza, e sempre a partir de determinadas necessidades emocionais. Talvez com o avanço dessa prática, estudos se farão necessários para uma compreensão mais ampla das variáveis presentes nessas buscas, pois seguramente evocar-se apenas sentimento de solidão é simplista e não abarca a complexidade de sua ocorrência. A solidão é quesito sempre presente nessas situações, mas certamente o imbricamento de valores morais, com a necessidade de extravasar a sexualidade contida, determinará variáveis complexas para uma compreensão do fenômeno. E ainda assim o conjunto de dados que pode ser arrolado nessa vivência será emaranhado e exigirá que se pesquise sobre ela de maneira atenta, para que não se incorra em psicologismos totalmente desprovidos de significação.

Outra vivência totalmente incorporada à realidade contemporânea é a dos programas televisivos, nos quais as pessoas acorrem em busca de namoro e casamento. O número desses programas tem crescido de maneira significativa nos últimos anos, o que dá uma medida do vazio e da solidão que as pessoas vivem, principalmente nas metrópoles, pois a simples exposição pública em busca de um companheiro é algo que supera qualquer análise apriorística que se faça desses protagonistas. Ao se presenciar tais programas, a primeira indagação feita é: como pessoas de aparência satisfatória em termos dos padrões vigentes em nossa sociedade, e que muitas vezes possuem condições socioeconômicas igualmente satisfatórias, necessitam recorrer a um programa televisivo em busca de um namoro/casamento? A exposição a que esses programas submetem os candidatos é algo que sequer as explicações oriundas da questão narcísea e a conseqüente tendência exibicionista podem explicar. O escracho a que são submetidos e a manipulação feita pelos seus apresentadores para saciar a sede de emoção das platéias dispensam qualquer anedotário popular. Tudo é válido nessa busca alucinante na qual, diferentemente do que ocorre nos serviços telefônicos, o parceiro ao menos é conhecido, ou seja, é alguém real que será conhecido de verdade e não apenas na idealização do imaginário. Esses programas em busca da audiência que possibilita a sua permanência no ar, e até mesmo os recursos necessários para sua continuidade, não medem esforços no sentido de proporcionar um espetáculo à altura da expectativa da audiência. Assim, em alguns deles, a equipe da produção do programa acompanha os pretendentes registrando cada cena dos primeiros encontros para que sejam posteriormente exibidas para os telespectadores. Tudo é feito de modo que a possível privacidade e intimidade dos pretendentes sejam totalmente expostas de maneira despudorada.

É possível argumentar-se em sentido contrário, que alguém que procura por esses programas sabe as regras de sua configuração e, portanto, não pode reclamar dessa exposição. Isso realmente é verdadeiro: ninguém freqüenta esses programas desconhecendo sua estruturação, ao contrário, há um cuidado muito grande por parte dos responsáveis por sua produção, no sentido de que todos os participantes dêem autorização por escrito para que suas imagens sejam exibidas no âmbito televisivo. A questão que surge é justamente a tentativa de compreender as razões que fazem as pessoas buscarem tais recursos à procura de amor. De modo similar, evocar-se apenas questões envolvendo a solidão é por demais simplista e novamente ignora uma série de variáveis presentes nesse fenômeno.

Talvez seja fruto da modernidade a exigência de se ir a um programa televisivo em busca de amor, diferentemente de outras épocas, quando as pessoas recorriam a outros constitutivos sociais procurando parceiros. Ou então seja uma transformação social pela qual estejamos passando e que nos impõe novos dimensionamentos de relacionamentos interpessoais, de tal sorte que possamos ir ao encontro do outro sabendo de antemão uma série de características pessoais, o que demoraria muito tempo para ser percebido e apreendido em um relacionamento convencional. Ou ainda que a modernidade, com o seu ritmo alucinante, no qual tudo precisa ser feito de maneira muito veloz, impõe que recorramos a programas televisivos ou às agências matrimoniais para escolhermos o nosso parceiro sem perda de tempo. A descrição feita por esses programas televisivos, assim como pelas agências matrimoniais, das características dos pretendentes assemelha-se à venda de objetos, como, ao se anunciar um veículo que está à venda coloca-se detalhes como cor, ano de fabricação, modelo etc. Tanto os programas televisivos quanto as agências matrimoniais oferecem os pretendentes mostrando características que, mais do que coisificá-los, indicam uma realidade na qual o relacionamento interpessoal está perdendo espaço para a razão pragmática em uma sucumbência da subjetividade para a objetividade. Assim, é possível se escolher alguém a partir de sua profissão, cor de cabelos, olhos, altura, raça, religião etc. A busca de afinidades é responsável pela estruturação constitutiva de um relacionamento, algo que sequer é questionado, pois o que se busca são características estéticas, o que faz com que os proponentes se assemelhem às pessoas que estão querendo comprar um veículo.

Isso determina um modo de vida no qual o isolamento e o esgarçamento das relações interpessoais é apenas indício do nosso processo de desumanização. Se em outros períodos da história os casamentos eram definidos pelas famílias tão logo as crianças nascessem, sem que essas pudessem alterar o destino de suas vidas quando se tornavam adultas, a realidade de hoje impõe novos parâmetros que, assim como no passado, nos deixam à deriva em situações nas quais os nossos sentimentos – riqueza maior da condição humana – não são considerados nem sequer balizados nessas buscas. E o contraditório disso tudo é que caminhamos a passos largos para a total desumanização do amor.

Paralelamente, temos a Internet que, em sentido semelhante, leva as pessoas a novas configurações de relacionamento erótico-amoroso. Ao contrário dos programas televisivos e semelhante aos serviços telefônicos, os serviços disponíveis na rede de computadores também estão a desafiar todo e qualquer parâmetro que se queira estabelecer para a vivência amorosa. Também aqui o imaginário desempenhará papel de fundamental importância, pois, como nos serviços telefônicos, muitas vezes não se conhece pessoalmente o internauta com o qual se estabelece relacionamento. É fato cada vez mais freqüente o número de pessoas que se conhecem pela Internet e depois pessoalmente, chegando, inclusive, em alguns casos, a se casarem. No entanto, o que chama a atenção dos estudiosos para esse fenômeno da realidade virtual é o número cada vez maior de usuários que se habituam a essa realidade e não mais conseguem estabelecer vínculos interpessoais de presença real. Assim, o número de pessoas cujas possibilidades de vida estão centradas no *mouse* do computador é incontável. E, como a nossa realidade contemporânea facilita o isolamento devido, principalmente, à violência que assola as nossas cidades, as dificuldades de relacionamento interpessoal são justificadas a partir da facilidade de se fazer absolutamente tudo pela Internet, sem a necessidade de qualquer locomoção.

Nesse sentido, as relações amorosas também passam a fazer parte das possibilidades dos internautas, pois, para eles, nada é mais lógico do que o estabelecimento de relações virtuais, uma vez que o computador acaba sendo sua verdadeira realidade pessoal. Dessa maneira, não apenas transações bancárias, compras, correspondência profissional etc. estão presentes no computador como também a possibilidade de se acessar salas nas quais a proposta é o amor virtual, feito pela tela do computador. E, por mais que isso possa parecer estranho a tantos sonhadores, é fato que não assusta mais ninguém saber de pessoas que têm namorados conhecidos via Internet e que, apesar de serem definidos como tal, ainda não conheceram pessoalmente. Ou seja, estabelecem o vínculo de namoro, firmam compromisso, mas não se conhecem ao vivo. Seguramente, a compreensão mínima da ocorrência dessa realidade vai demorar muito. Nossos estudos e reflexões sequer tangenciam seus constitutivos, de maneira que todas as nossas explanações teóricas estão aquém da própria velocidade das comunicações estabelecidas pela Internet.

A diversidade de ocorrências e as razões que impelem um número cada vez maior de pessoas a se lançar na Internet em busca de relacionamentos pessoais são algo que está a exigir um profundo estudo da condição humana para que essa nova faceta possa ser apreendida e compreendida.

O mais estranho, ao menos no meu campo perceptivo, é verificar como as pessoas podem estar satisfeitas com relacionamentos estabelecidos virtualmente e que não apresentam os constitutivos necessários para um relacionamento interpessoal com presença física, toque, olhar, carícias etc. Talvez estejamos caminhando[17] para um novo parâmetro de relações interpessoais em que os sonhadores ficarão alijados de participação social e terão de definir novas pilastras para acomodarem seus sonhos e ideais em um mundo cuja realidade não só é virtual como também não necessita de qualquer tipo de sentimentos e sonhos.

As transformações da realidade virtual, por outro lado, são tão vertiginosas que mal nos acomodamos com determinadas configurações, já surgem novas propostas e esboços de relacionamentos. E, ainda atônitos, com o surgimento da web câmera[18] e das comunidades do Orkut[19], vemos surgir novas modalidades de relacionamento que estão a desafiar qualquer tipo de reflexão teórico-filosófica. E certamente entre o hiato do momento em que essas linhas estão sendo escritas e a publicação efetiva deste livro já terão surgido outros avanços que a nossa vã imaginação sequer consegue conceber. As mudanças ocorridas nesse âmbito são tantas e tão velozes que é difícil, inclusive, acompanhar de modo atualizado as suas configurações.

---

[17] ANGERAMI, V. A. *Psicoterapia e subjetivação*. São Paulo: Thomson Learning, 2003.

[18] Web câmera é um acessório acoplado ao computador que permite que as pessoas se vejam durante a comunicação via Internet. Uma pessoa que possui esse recurso, ao estabelecer contato com alguém que também o tenha, verá a imagem da outra pessoa, como também será visto, simultaneamente. Confesso que, com todo o meu distanciamento e aversão a esses recursos tecnológicos, fiquei tão estupefato que parecia a personagem de *O carteiro e o poeta*, do diretor Michael Radford. No filme, o carteiro da trama, alguém que sempre vivera na ilha e nunca tivera o menor contato com os recursos tecnológicos da época, fica completamente atônito diante do gravador exibido pelo poeta Pablo Neruda, que reproduzia as vozes das pessoas durante uma sessão de gravação.
A minha sensação de não pertencer a esse universo tecnológico faz com que não apenas estranhe todo esse conjunto de parafernálias como também me sinta desconfortável para efetivar qualquer contato dentro dessa realidade virtual.

[19] Orkut é, por assim dizer, o grande mote do momento virtual. Aí se encontram inúmeras comunidades em que as pessoas se inscrevem a partir da indicação de algum participante: desde ex-alunos de faculdades, escolas etc., passando por bairros, associações, igrejas; tudo, enfim, hoje em dia possui comunidade no Orkut. E o hilário é que, embora, algumas pessoas se reencontrem por meio desse programa, o que salta aos olhos é o fato de elas terem passado a se comunicar apenas pelo Orkut. Tomei conhecimento recentemente de um condomínio que tinha o espaço de comunidade dentro do Orkut. As pessoas participantes dessa comunidade estavam marcando um "orkontro", uma vez que muitas delas, embora morassem em casas coladas umas às outras, não se conheciam pessoalmente. Talvez em situações de passado ainda recente, essas pessoas estariam se comunicando e freqüentando as casas umas das outras; as relações estariam sendo balizadas por churrascos, festas, petiscos etc., prevalecendo o contato interpessoal. No entanto, na medida em que tudo é mediado pelo computador, o distanciamento torna muito difícil qualquer outro tipo de aproximação interpessoal.

Merleau-Ponty[20] ensina que a sexualidade se difunde em imagens que só retêm dela certas relações típicas, certa fisionomia afetiva. O internauta cria em seu imaginário constitutivos idealizados de amor e da pessoa com quem se relaciona. A vivência da Internet não o remete à necessidade de vivências reais; sua necessidade de amor é algo que não pode ser compreendido por padrões de amor que implicam o toque corpóreo. Ao contrário do que preconizamos em nossas relações de amor, nas quais a existência é em si indeterminada em função de sua estrutura fundamental, por meio da qual o que não tinha sentido o adquire, e o que só tinha um sentido sexual adquire uma significação mais geral, o internauta não permite o acaso, pois não aceita a retomada de uma situação real, de fato. É dizer que os parâmetros de humanidade que estabelecemos para nossas vidas necessitam de uma ampla revisão conceitual para a compreensão do fenômeno virtual.

A conveniência de um casamento programado pelas características exibidas esteticamente pelos proponentes, em detrimento da convivência necessária para que a busca de afinidades seja encontrada e vivida em seus detalhamentos e nuanças, é uma realidade por demais insólita para todos que acreditam no pulsar da emoção, no brilho de um olhar diante de uma determinada pessoa e nas mensagens do coração para guiar seus passos. Dessa maneira, as páginas contendo as poesias de Drummond e Vinicius de Moraes e de todos os poetas que sonham o amor serão simplesmente destruídas por não satisfazerem à demanda da realidade contemporânea. Drummond escreve sobre a emoção do olhar, da palpitação do coração diante do ser amado, Vinicius canta a eloqüência de se viver uma grande paixão, enfim, coisas sem espaço em nossa urbanidade contemporânea.

Até mesmo possíveis projeções de como será o futuro dos jovens que vivem essa realidade virtual são algo totalmente insólito, pois qualquer estudo que se faça a partir das publicações existentes sobre a psicologia do desenvolvimento não tem como contemplar as complexidades dessas mudanças. As questões que envolvem a Internet são tão complexas e emaranhadas, que é necessária toda uma reformulação nos conceitos atuais de estudos da condição humana para que possamos atingir em algum nível seu verdadeiro dimensionamento.

---

20 MERLEAU-PONTY, M. *Fenomenologia da percepção*. São Paulo: Martins Fontes, 1999.

Flamenco

Valdemar Augusto Angerami

Para Cacheadinha...

A música invade o espaço...
ver teu corpo esguio dançando
Flamenco... a dança lançando fagulhas
no espaço... luz no ambiente...
o movimento das pernas, dos braços...
o pêndulo do corpo em faíscas
circulares... a música de Paco de Lucia
e a tua alegria na dança e na vida...
o sapateado marcando os passos...
martelando com o salto o andamento
da música, o pulsar do coração...
as castanholas enchendo o espaço
com alegria e magia... palmas batidas
de modo vibrante e contínuo... e os violões
misturando ritmo, virtuosismo e paixão...

O movimento de saia e de echarpe,
misturando o tom negro da saia com
o amarelo do fogo na lareira...
tudo girando, o leque, o corpo,
a vida, a saia... o ritmado
da dança e o frenesi dos sonhos...
O estalar da madeira no fogo e o tremular das
cores espanholas nesse espetáculo...
duas taças de vinho a contemplar o
espetáculo e a esparramar na boca
o deleite da seiva espanhola...

O teu corpo girando com os braços
em movimento de oferenda... os teus
contornos adquirindo formas sevilhanas...
de uma tarde nas mourarias... de uma manhã de
sol em Andaluzia... o movimento sapateado
envolvendo a tua leveza... tudo muito inebriante...
os violões sincopados com a dança... o teu
corpo solto no espaço... os teus contornos se
transformando e se tornando
ainda mais magníficos... as mãos na cintura...

as mãos em oferenda... um movimento de leque e
de saia... e um detalhamento
de dedos em harmonia com a música e
a alma...

O corpo girando com a leveza
das asas de um anjo... a mesma leveza
das borboletas no jardim... a leveza dos
gestos da dança... a pureza de um sorriso
infantil... e o semblante viajando nas
ondas da música... os violões ritmando em
compassos e síncopes pulsilantes... e um
ritmo de muito frenesi... e o corpo leve
saltitando em direção aos lugares
onde a alma dormita e vagueia...
o trêmulo dos violões incendiando a
vida... os acordes arpejados...
a música preenchendo os espaços...
o rasqueado da música na dança... e a certeza
de que felicidade é viver essa harmonia
na alma e no coração...

Serra da Cantareira, em uma noite de verão.

Capítulo 8

O Amor em Psicoterapia

Parêmias do Terapeuta Existencial*

O Terapeuta Existencial é o codificar e o decodificar de emoções.
É o ar. O ser. O nada. O existir.
É o dia que termina em cada entardecer.
É o muçum, peixe que, na seca, cava um buraco no barro e aí permanece
até que as águas reapareçam.
É a margarida desfolhada depois da Primavera.
São as lágrimas, o sorriso. O pranto de dor e de alegria.
O Terapeuta Existencial é a busca de um processo.
É um pedido de ajuda.
É a noite de tranqüilidade.

---

* ANGERAMI, V. A. *Psicoterapia existencial*. São Paulo: Thomson Learning, 2001.

8.1 Considerações Iniciais

Não sei se o amor é a prova de
Deus ou se é o próprio Deus.[1]

O amor entre o psicoterapeuta e o paciente é quesito fundamental para que o processo se desenvolva de maneira satisfatória. Não pode haver nenhum procedimento terapêutico se não houver um grande envolvimento amoroso entre as partes.

Vimos, anteriormente, as diferentes configurações amorosas da condição humana. Nesse sentido, podemos definir claramente que o envolvimento ideal para a prática da psicoterapia é aquele que apresenta traços do amor fraterno e do amor caritativo, pois, antes de qualquer outro questionamento, temos o fato de que o paciente, ao buscar pela psicoterapia, apresenta questões significativas em sua auto-estima, ou seja, questões que envolvem o amor-próprio. O que não é tolerável, já dissemos anteriormente, e repetiremos exaustivas vezes, é o amor erótico no âmbito da psicoterapia. A fragilidade do paciente exige amor, mas o amor que toca na alma, o amor fraterno e caritativo. A arte da psicoterapia implica tocar a alma do paciente de modo suave para que ela possa se transportar rumo a horizontes libertários. Ao escolhermos atuar nessa área, torna-se necessário instrumentalizar a nossa prática para que tenhamos claro o teor das intervenções que efetivamos com o paciente e as repercussões em sua vida. Não se pode ser psicoterapeuta se não houver uma grande dosagem de amor tanto pela atividade em si como pelo paciente que se mostra à nossa frente. Tocar a alma do paciente é algo que cria uma intimidade que vai muito além do próprio toque de pele. É desvendar um universo submerso que, ao ser revelado, apresenta fagulhas de amor que inundam o campo da psicoterapia. Ser psicoterapeuta é uma arte que nos domina e envolve, e nos lança muito além dos próprios constitutivos teóricos que buscamos para embasar nossa prática.

8.2 Atitudes de Amor do Psicoterapeuta

Citaremos algumas atitudes de amor sem as quais o processo de psicoterapia não pode se desenvolver. No entanto, é importante frisar que os itens sobre os

---

1 ATRAVÉS DE UM ESPELHO. Título original: *Såsom I En Spegel.* Direção: Ingmar Bergman. Distribuição brasileira: Versátil Home Video, 2005.

quais refletiremos a seguir não esgotam a temática nem excluem alguns que, porventura, estejam ausentes nesse rol.

8.2.1 Acolhimento

Acolher o paciente em sua dor e sofrimento é condição básica para que ele possa se entregar ao processo psicoterápico com confiança e determinação. O psicoterapeuta, ao acolher a problemática do paciente, está em um posicionamento no qual não existe qualquer ato condenatório em relação às suas vicissitudes. Esse aspecto é muito importante para reflexão, pois é necessário que o psicoterapeuta tenha muito claro seu valor moral e pessoal para que não efetive uma justaposição desses valores com os do paciente. É sempre importante frisar que a psicoterapia deve ser um processo que caminhe livre das imposições determinadas pela nossa concepção de homem e de mundo. Não podemos usar nossa condição para fazer do processo de psicoterapia algo messiânico, no qual o paciente será *salvo* das agruras da vida apenas e tão-somente se seguir o receituário do psicoterapeuta. Ao contrário, devemos ter claro que a verdadeira libertação do paciente, das amarras que estejam a agrilhoar sua existência, ocorrerá apenas e unicamente quando ele conseguir construir, com os próprios valores constitutivos, o seu caminho libertário.

Na realidade, embora estejamos citando o acolhimento como um dos quesitos básicos necessários para o desenvolvimento da psicoterapia, é importante ressaltar que o amor, sentimento que brota do âmago do ser, não tem como ser ensinado. É algo que se sente, e a sua ausência é determinante de que o processo não terá como se desenvolver. Não é possível atender um paciente que nos inspire raiva, ódio e outros sentimentos que serão barreiras a cercear o processo em si. É fato que temos nossas limitações pessoais, as quais muitas vezes serão impeditivas para que possamos desenvolver a psicoterapia em todas as suas possibilidades. Citamos em texto anterior[2] um caso por nós atendido que envolvia um dentista que participava de sessões de tortura com presos políticos no período da ditadura militar que assolou o país durante 20 anos. A indignação e o inconformismo que tomaram conta de toda a nossa estrutura emocional não permitiram que o atendimento prosseguisse. Ao longo de nosso percurso profissional, sempre depararemos com casos que esbarram em nossas limitações e que, por conseguinte, serão impeditivos para que o processo se desenvolva com plenitude, pois o acolhimen-

[2] ANGERAMI, V. A. (org.) *A prática da psicoterapia*. São Paulo: Thomson Learning, 2001.

to necessário para que o paciente se liberte de suas amarras estará comprometido em seu constitutivo fundamental. O acolhimento implica necessariamente que se ame o paciente com muita ternura, pois é a partir desse amor que ele pode se desenvolver e procurar por caminhos em que supere seus desatinos existenciais. É interessante observar também que, ao mesmo tempo em que colocamos o acolhimento como quesito necessário e fundamental para o processo de psicoterapia, esbarramos no fato de que a sua condição imprescindível é o amor fraterno e caritativo, e isso, decididamente, não há como ser ensinado nos meios acadêmicos.

Podemos ensinar aos nossos alunos o conjunto de técnicas e atitudes necessárias para atuarem no âmbito da psicoterapia; igualmente, podemos refletir sobre os esboços teóricos a embasar essa prática; também é possível comparar diferentes correntes teóricas e arrolar as diversas bibliografias em busca de citações e referências várias. No entanto, jamais será possível ensinar a alguém qualquer procedimento para que ele sinta amor pelo seu semelhante. Dissemos em texto anterior[3] que a arte da psicoterapia era algo difícil de ser transmitido em suas filigranas em razão dos detalhamentos envolvidos, e que, inclusive, havia inúmeros casos de grande teóricos que não conseguiam se desenvolver na prática propriamente dita em razão desses aspectos que não podem ser ensinados. E nesse rol certamente teremos o acolhimento e o amor fraterno necessários para essa plenitude. Podemos afirmar, sem margem de erro, que, ao se sentir acolhido e amado, o paciente encontrará condições propícias para se desenvolver rumo a novos horizontes libertários. Frise-se ainda que, na medida em que vivemos em uma sociedade pontilhada por todas as formas de desamor, o amor fraterno e caritativo será validado de maneira única pelo paciente por se tornar o bálsamo cicatrizante para as suas chagas existenciais.

8.2.2 Empatia

A empatia, embora seja um termo exaustivamente utilizado pela abordagem humanista, fato que faz com que muitos a considerem inerente a essa abordagem, é algo que deve estar presente em qualquer processo de psicoterapia, independentemente de sua vertente teórica. Stratton e Hayes[4] ensinam que

[3] ANGERAMI, V. A. (org.) *As várias faces da psicologia fenomenológico-existencial*. São Paulo: Thomson Learning, 2005.

[4] STRATTON, P.; HAYES, N. *Dicionário de psicologia*. São Paulo: Thomson Learning, 1999.

> *empatia é um sentimento de compreensão e unidade emocional com alguém, de modo que uma emoção sentida por uma pessoa é vivenciada em alguma medida por outra que se empatiza com ela. A empatia é algumas vezes empregada na indicação do grau da capacidade de um indivíduo para ser empático com os outros. Ser empático é considerado uma condição importante para os psicoterapeutas.*

Embora possa ser exposta didaticamente, assim como o acolhimento, a empatia é algo que depende de um aprendizado artístico, pois, antes de qualquer ensinamento, é indispensável que o psicoterapeuta adquira essa condição no desenvolvimento de sua prática à luz de sua vivência e da própria historicidade. Não há como ter um sentimento de *compreensão e unidade emocional para com alguém* se, igualmente, não tivermos por esse alguém um profundo sentimento de amor fraterno. E até mesmo *a capacidade de um indivíduo ser empático com os outros* prescinde, antes de qualquer outro aspecto, de sua condição para compreender questões que envolvem a humanidade do outro a partir da sua humanidade. Para que sejamos psicoterapeutas, sem prescindirmos da reflexão teórica e filosófica, é necessário que nossa humanidade possa resplandecer acima de qualquer outro constitutivo presente no campo da psicoterapia. Em um momento que as pessoas estão cada vez mais distantes umas das outras, seja pela parafernália tecnológica que a todos envolve e leva de roldão a nossa humanidade, seja pelas situações de distanciamento criadas pelo medo, que está institucionalizado em nossa sociedade, seja pelas dificuldades de relacionamento interpessoal características da realidade contemporânea, o fato é que, ao encontrar uma situação empática no contexto da psicoterapia, o paciente terá igualmente condições de resgatar a própria humanidade nesse processo. Também é verdadeiro o fato de que, sem empatia, independentemente da abordagem teórica do psicoterapeuta, nenhum processo de psicoterapia se desenvolverá. Não há como esperar algum nível de crescimento por parte do paciente se ele não for minimamente compreendido em suas dores e sofrimento. Sentir-se acolhido e compreendido em suas vicissitudes é condição indispensável para que o paciente possa se desenvolver na psicoterapia.

8.2.3 Disponibilidade Emocional

O quesito disponibilidade emocional vai enfatizar aquela condição, igualmente indispensável ao psicoterapeuta, de aceitar que o paciente é uma pessoa com valores e conceitos de homem e de mundo diferentes dos seus. Isso significa, aceitar que é necessária uma grande disponibilidade emocional para compartilhar projetos de vida e anseios libertários que colidam com os nossos valores. É na vivência com a divergência que, muitas vezes, crescemos emocionalmente. No entanto, é mister compreender necessidade desse gesto de amor, a disponibilidade emocional incondicional para que o outro possa trilhar pelos próprios caminhos, por mais distantes que eles sejam dos meus. Preciso buscar afinidades seletivas em relacionamentos interpessoais de amizade, namoro, escolaridade etc., no processo psicoterápico, pelo contrário, não há como exigir que o paciente tenha harmonia com meus valores pessoais. Essa disponibilidade emocional torna-se, então, indispensável para que possamos ajudá-lo em suas buscas, caso contrário, teremos na psicoterapia uma sessão messiânica de imposição de valores, e não um processo libertário que conduz o paciente a novos horizontes em sua vida.

A disponibilidade emocional será aquele ponto de entrega do psicoterapeuta à dor do paciente, pois é a partir disso que ele se sentirá acolhido para expor seu sofrimento. Nesse sentido, é muito importante que o psicoterapeuta faça uma reflexão constante de seus valores para que esses não sejam impostos ao paciente, nem que os valores do paciente sejam rejeitados por não irem ao encontro de seu universo de valores. Dissemos anteriormente que as nossas limitações pessoais precisam ser respeitadas, pois podem levar ao "desmoronamento" de nossa estrutura emocional. Algumas questões transcendem valores meramente morais e não apresentam formas de aceitação. O caso do torturador, por nós atendido, é um exemplo extremado da exaustão desses limites, pois era um caso que aviltava a própria dignidade humana, principalmente se for considerado que naquele mesmo instante atendíamos às vítimas da tortura promovida pelo regime militar. No entanto, outras questões que envolvem nossos valores morais precisam de revisão constante para que não sejam empecilhos para o desenvolvimento da psicoterapia.

Em situações de supervisão clínica, são facilmente constatáveis os casos de psicoterapeutas que rejeitam o paciente por não aceitarem situações de adultério, uso de drogas, homossexualismo etc. Ao falarmos da necessidade contínua de reflexão, estamos apenas mostrando a necessidade de atentarmos ao fato de que, como psicoterapeutas, não somos guardiães morais da sociedade tampouco juízes a julgar os procedimentos que creiamos corretos ou errados. E, embora essas colocações possam parecer revestidas de uma obviedade ululante, é comum depararmo-nos com colegas que cometem tais deslizes pela simples razão de não refletirem sobre tais atos. Seguramente, ao refletirmos sobre os aspectos que envolvem muitos processos de psicoterapia que não deslancham, vamos encontrar a falta de disponibilidade emocional como um dos principais quesitos que estão a emperrá-los. E assim é: não podemos ser psicoterapeutas se não refletirmos continuamente sobre nossas limitações pessoais e as variáveis que possam estar fazendo com que a disponibilidade emocional que temos em relação a determinado paciente esteja truncada e impedindo o seu verdadeiro crescimento pessoal.

8.2.4 Fé Inquebrantável na Condição Humana

Ser psicoterapeuta é, antes de qualquer outra conceituação que se queira fazer, um ato de fé inquebrantável na condição humana. Se não acreditarmos que o paciente tem em si a condição de superação de seus desatinos, não podemos jamais ser psicoterapeutas. A psicoterapia é um processo de cura efetivado predominantemente pela palavra. Todo o seu desenrolar e o próprio desabrochar do paciente ocorrem a partir de reflexões feitas pela palavra. Embora seja fato que todo o expressionismo do paciente esteja presente nesse processo - incluindo-se aí o olhar, os gestos, a postura corporal etc. -, a palavra tem predominância sobre tudo, principalmente por ser ela decorrente da reflexão efetivada na psicoterapia. O descortinar de emoções, ainda que imbricado com todo o expressionismo humano, tem na palavra seu veículo maior de transmissão. Ter fé inquebrantável na fala do paciente é, por assim dizer, acreditar na própria condição humana. E, por mais que o seu discurso esteja carregado de contradições dos mais diferentes matizes, a nossa fé deve ser soberana para, inclusive, poder mostrar-lhe possíveis contradições e o modo como eventualmente pode estar escamoteando emoções nessas contradições. Merleau-Ponty[5] assevera que, para que o outro seja verdadeiramente outro, não basta, nem é preciso que seja um flagelo, a contínua ameaça da reviravolta absoluta do para e do contra, juiz posto acima de toda contestação, sem lugar, sem relatividades, sem rosto, como uma obsessão, e capaz de esmagar-me com um olhar na poeira do meu mundo; é necessário e suficiente que tenha o poder de me descentrar, opor sua centração à minha; e ele o pode unicamente porque não somos duas nadificações instaladas em dois universos paralelos, incomparáveis e incompatíveis, mas duas unidades voltadas para o mesmo ser, cada uma, entretanto, acessível a cada um de nós, mostrando-se ao outro como possibilidade de crescimento e de desdobramento.

A psicoterapia, ao se mostrar como um processo no qual o enfeixamento das emoções do paciente envolve a figura do psicoterapeuta em uma condição imensurável, também se apresenta em seu âmbito com as condições propícias para que ele tenha um autocrescimento, muitas vezes até maior do que o vivido

---

5 MERLEAU-PONTY, M. *O visível e o invisível*. São Paulo: Perspectiva, 1971.

pelo paciente. No entanto, aceitar tais colocações parece conspurcar o nosso papel de psicoterapeutas, pois, em princípio, quem procura pela psicoterapia em busca do autocrescimento é o paciente. Assim, aceitar que também estamos nos desenvolvendo emocionalmente com o nosso paciente é, antes de tudo, aceitar que a fé inquebrantável na condição humana igualmente resgata a nossa humanidade e nos direciona para parâmetros muito além daqueles idealizados quando da escolha dessa atividade.

Citamos em texto anterior[6] que muito do desenvolvimento psicoterápico tem a ver principalmente com a fé que o paciente tem nesse processo. É comum, inclusive, pessoas que, ao iniciarem o processo psicoterápico, começam a sentir alívio para seus desatinos existenciais. Podemos até mesmo afirmar, quase sem margem de erro, que a cura é promovida pelo próprio paciente por meio da sua fé nesse tratamento. É a sua fé que cura; é a sua fé que escancara os limites da ciência e a total incompreensão da natureza dessa ocorrência. Ao colocarmos a fé inquebrantável na condição humana como um quesito de amor do psicoterapeuta, estamos abrindo um leque de possibilidades no qual a dialética da fé do paciente na psicoterapia e a do psicoterapeuta nas possibilidades de desdobramentos e superação do paciente, são contrapontos sobre os quais se estrutura o soerguimento de suas vicissitudes existenciais.

Se tomarmos como exemplo um caso de tentativa de suicídio, em que o paciente procura pela psicoterapia após sucumbir ao desespero e atentar contra a própria vida, veremos que a fé com que busca pela ajuda da psicoterapia é o determinante maior da superação de seus desatinos emocionais. O simples fato de procurar pela ajuda psicoterápica já o coloca em uma condição de fé inquebrantável em sua humanidade, ou seja, de alguém capaz de superar os desatinos que estejam a agrilhoar a sua existência. A fé do psicoterapeuta em sua libertação apenas complementará sua fé inicial, e a confluência dessas duas formas de fé o levará a buscar por caminhos e atalhos que o conduzam à sua libertação existencial.

De outra parte, podemos considerar que caminhará em sentido oposto aquele psicoterapeuta que titubeia em sua fé no soerguimento do paciente. Essa dialética de fé é indispensável para que o paciente possa encontrar na psicoterapia o ancoradouro necessário para a superação de suas chagas existenciais. Ainda que verbalize o contrário, a falta de fé do psicoterapeuta será sentida em filigranas, muitas vezes, quase imperceptíveis, mas que serão captadas pelo paciente e, seguramente, o levarão a deixar o processo de psicoterapia.

6 ANGERAMI, V. A. *Temas existenciais em psicoterapia*. São Paulo: Thomson Learning, 2003.

O menor titubeio será sentido pelo paciente, que perderá a fé tanto na psicoterapia como no psicoterapeuta, e o processo, então, estará fadado ao fracasso. Assim como o fiel católico, durante a missa, não duvida de que aquela hóstia consagrada pelo padre é o corpo de Cristo, igualmente o psicoterapeuta e o paciente não podem apresentar o menor sinal de descrença nas possibilidades de desdobramentos e crescimento apresentadas pela psicoterapia, pois isso fará com que a fé inquebrantável na condição humana, quesito básico para o desenvolvimento psicoterápico, se esgarce e faça com que o ideário libertário não se concretize.

8.2.5 Partilha

Nesse item, vamos encontrar, partilhar e compartilhar significados semelhantes e que se complementam. O dicionário nos ensina que, dentre os diversos significados de "partilhar", encontraremos *ter parte, participar*[7]. "Compartilhar" apresenta diferentes significados, entre eles, *partilhar, compartir, dividir com*[8].Com base nesse referencial, temos que, partilhar, no processo de psicoterapia, é dividir com o paciente suas dores, angústias e desatinos existenciais. Esse tema ganha significado ainda maior ao ser colocado como uma das questões mais esperadas pelo paciente em sua busca pela psicoterapia, ou seja, ao decidir procurar ajuda psicoterápica, o paciente está tentando repartir o peso da sua dor com alguém. E, ao escolher a psicoterapia, dentre as diversas possibilidades de ajuda oferecidas no âmbito social, certamente o paciente está procurando a figura de alguém preparado para partilhar suas mazelas existenciais. Assim, o acolhimento citado anteriormente será seqüenciado pela condição do psicoterapeuta de partilhar as desventuras do paciente.

Se é verdadeiro que o acolhimento inicial é imprescindível para o pleno desenvolvimento da psicoterapia, igualmente o é a condição de partilha, pois, tendo como base essa divisão, o paciente se sentirá escorado para buscar caminhos que o conduzam à sua real libertação existencial. Se acrescentarmos a essas reflexões o fato de que vivemos em uma sociedade em que as condições de relações interpessoais estão cada vez mais ácidas, com as pessoas desconfiando de tudo e de todos, teremos um panorama adequado de compreensão para a importância da partilha na condição humana. Ao par-

[7] HOLANDA, A. B. *Dicionário básico da língua portuguesa*. Rio de Janeiro: Nova Fronteira, 1995.

[8] Ibid.

tilhar com o psicoterapeuta dores e vicissitudes, certamente o paciente está buscando não apenas um bálsamo cicatrizante para suas chagas existenciais como também resgatando sua humanidade. E o resgate de sua humanidade será, sem dúvida alguma, um dos acréscimos mais importantes efetivados no processo de psicoterapia. O amor é transformador e, seguramente, quebra as possíveis barreiras de desamor vividas pelo paciente. Ao manifestar uma postura de partilha, o psicoterapeuta está propiciando ao paciente expressar sentimentos de afeto que podem estar escamoteados em sua vida. É dizer que, pelo amor, a transformação do paciente será algo tangível, na medida em que novos parâmetros serão estabelecidos em sua vida de tal modo que ele possa re-significar valores e o próprio escopo de sua vida. É o amor a verdadeira força motriz de nossas vidas; e, ao ser colocado como quesito indispensável no seio do relacionamento interpessoal que ocorre no âmbito da psicoterapia, adquire o seu verdadeiro constitutivo, ou seja, o sentimento que nos faz verdadeiramente humanos e no qual a nossa humanidade é plenamente resgatada.

Diferentes teorias abordam as nossas escolhas de sermos psicoterapeutas. Na realidade, por mais que possam haver divergências nessas teorias, o fato é que, ao escolhermos a atividade de psicoterapeuta, a nossa predominância é ajudar pessoas rumo a novas condições de vida. Qualquer que seja a abordagem teórica escolhida pelo psicoterapeuta, sempre existe a visão de ajudar alguém que esteja quedado inerte frente às vicissitudes da vida. É uma atividade que acolhe a dor do paciente como nenhuma outra área da saúde. Somos psicoterapeutas e temos nossa origem nos antigos xamãs, médicos de família e confessores religiosos[9], o que significa dizer que em nossa essência existe a gênese do amor caritativo. E, ainda que tenhamos evoluído para parâmetros tecnológicos imensuráveis, como vimos anteriormente, a realidade é que a atividade de psicoterapeuta é revestida da aura de tornar as pessoas mais humanas, resgatando sua humanidade, por mais redundante que essas colocações possam parecer. O nosso principal instrumental é a palavra; nossa realidade é o amor fraterno e caritativo que se debulha em lágrimas diante da dor do paciente e que procura resgatá-lo no âmago de sua dor para novas condições de amor. Somos amor e pelo amor direcionamos nossa atividade, semeando esperança e fraternidade em torrenciais fagulhas de humanidade.

A partilha apresenta-se em múltiplas facetas e sempre o amor é a predominância maior. Detalhes que se fazem presentes em nosso cotidiano e que

9 ANGERAMI, V. A. *Temas existenciais em psicoterapia*. São Paulo: Thomson Learning, 2003.

muitas vezes não percebemos. Pequenas coisas que se tornam a grandiosidade da vida. O fogo da lareira se inicia em tons amarelados. Aos poucos, na mesma proporção em que a lenha começa a estalar diante da alta temperatura, o fogo vai adquirindo novos tons de cor e vai se transformando em semitons que não podem simplesmente ser descritos. Ao se apreciar esse espetáculo, o fascínio dessa transformação toma conta de nosso ser e nos leva a inúmeras reflexões e questionamentos. Colocar comida para os pássaros em nossa janela e observá-los em busca do alimento é algo que nos leva a um estado de transcendência em nossa condição humana. Observar os esquilos correndo pela mata, saltitantes e em grande algazarra, direciona-nos para novas possibilidades da existência em que a superação de nossos limites torna-se algo plenamente viável. Apreciar uma obra de arte e sorver os detalhamentos da riqueza da criação artística com toda a sua exuberância é determinante de rasgos libertários indescritíveis. Crianças correndo, brincando e mostrando o esplendor da divindade em seus gestos e trivialidades é detalhe a nos mostrar a importância de resgatar pelo amor a criança existente em cada um de nós. Caminhar pelos vales e montanhas e penetrar no indecifrável da floresta é fascínio a encantar a alma e a elevá-la a patamares ainda mais elevados de humanidade. Um prelúdio de Villa-Lobos invadindo o espaço com sua riqueza temática e melódica transforma a nossa essência em algo deificado pelo toque da grandiosidade humana. A natureza em sua incontinência, nas situações de temporais com os raios cortando o espaço de todas as formas, é parte da nossa condição de superação humana, pois nos mostra que fazemos parte desse mesmo universo, e que também somos a chuva e os trovões que ecoam no ar. A lágrima de dor e o sorriso de alegria são determinantes de que a vida se transforma com o expressionismo do amor. E que, embora a condição humana sofra todos os níveis de espoliação, exploração mercantilista, ódio, guerras, diferentes formas de violência e tantas outras situações que aviltam a dignidade humana, ainda assim, é na nossa capacidade de partilhar o amor que reside a esperança de que todos esses desatinos sejam superados. A brisa que nos toca a pele em uma manhã de outono é o desabrochar de sentimentos que nos levam às diferentes manifestações do amor em nossa alma. O amor é partilha, é a condição que nos leva a dividir com o outro aquilo que sentimos e expressamos em nossa humanidade.

Capítulo 9

Casos Clínicos

De que somos a
exuberância transformação...
de que somos o nada...
de que nada somos
diante da dimensão do universo...
e de que o universo somos nós
na imensidão do amor... de que
o mar guarda em suas
águas o segredo do desapego...
da lágrima e dor... do riso
de alegria... de que a minha
vida é nada... tudo...
E de que tudo se transforma
diante do desapego... e o que é o apego se
a vida é desapego?! Dos amigos que se
foram... dos desencontros...
das despedidas... dos encontros...
da alegria da chegada e do choro doído
das partidas... de como as floradas
se abrem ao vento que irá
despetalá-las... de como nos
apegamos a tudo e nada somos...
de como a vida nos mostra a
todo instante... a todo momento
que tudo se transforma em
*despedida... em renovação...**

---

* ANGERAMI, V. A. (org.) *As várias faces da psicologia fenomenológico-existencial*. São Paulo: Thomson Learning, 2005.

9.1 Leôncio – A Configuração da Soberba

A soberba é mãe de todos os vícios.

São Tomás de Aquino

Leôncio era um jovem estudante de advocacia de 23 anos. Chegou ao consultório no mês de setembro e sua formatura seria em dezembro. A despeito das dificuldades inerentes a todos os recém-formados que tentam entrar no mercado de trabalho, mostrava-se muito confiante quanto ao seu êxito profissional. Dizia estar preparado para enfrentar a concorrência e que, embora não tivesse estudado em uma faculdade que pudesse ser considerada uma das melhores na área, sua condição pessoal faria com que ele se destacasse nessa disputa. Dizia também que em sua família a tradição jurídica era muito forte e que, apesar de não ter estudado na USP, como a maioria de seus familiares, o magnetismo das arcadas[1] também o impregnava e sentia-se, então, com a mesma qualificação profissional dos estudantes dessa faculdade. Desprezava com todo o seu vigor pessoas que estivessem em uma condição social inferior, seja em termos de conhecimento acadêmico, seja em termos de condições socioeconômicas. Dizia que era cada vez mais difícil o relacionamento interpessoal, justamente por não encontrar pessoas à altura de sua condição intelectual e social. Ora reclamava por deparar com pessoas que não tinham cultura acadêmica e mesmo artística para acompanhar-lhe o desenvolvimento, ora por conviver com pessoas que não tinham condições socioeconômicas para freqüentar os ambientes que lhe agradavam. Sentia-se um ser iluminado e considerava as demais pessoas meros adereços colocados em seu caminho para louvar-lhe o próprio esplendor.

Procurou a psicoterapia dizendo simplesmente que queria adquirir um pouco de autoconhecimento para que pudesse se desenvolver ainda mais. E era enfático quanto às suas perspectivas de desenvolvimento profissional, pois, segundo afirmava, a sua condição cultural certamente iria colocá-lo em lugar de proeminência e destaque em sua atividade. Também afirmava, sem a menor cerimônia e constrangimento, que era tão superior aos seus pares, em termos intelectuais, que o seu sucesso e projeção profissional dependiam apenas do início de sua atividade.

---

[1] Arcadas é uma referência à Faculdade de Direito da Universidade de São Paulo (USP), a tradicional São Francisco, localizada no Largo de São Francisco, em São Paulo. O seu prédio, uma construção bastante tradicional, tem estrutura arquitetônica em arcos, daí a referência que os estudantes de direito e advogados fazem às arcadas da São Francisco.

Após alguns meses de desenvolvimento do processo da psicoterapia, finalmente Leôncio se formou. Depois desse período, entre o início da psicoterapia e sua formatura, foi possível perceber o tanto de soberba, egoísmo e comportamento narcíseo que havia em sua realidade existencial. Desde o desprezo por uma garota que conhecera em um parque e que simplesmente foi relegada a segundo plano por ser bancária, até o inconformismo por suas notas não serem as maiores de sua classe, apesar de sua superioridade intelectual, o nosso paciente estava em um compasso de espera pelo momento em que entraria no mercado de trabalho e a sua exuberância pessoal e profissional poderia, então, ser admirada por todos. E assim aconteceu. Depois da formatura, por intermédio de contatos da família, nosso paciente conseguiu vaga em um grande escritório de advocacia, e o confronto com a realidade se iniciou e deu novas configurações à sua vida. Logo nas primeiras semanas de atividade, Leôncio começou a perceber que a sua *grande condição intelectual* não era tão maravilhosa quanto supunha, tampouco o fazia superior a outros colegas. Começou, então, a perceber que a soberba que exibia não condizia com a superioridade que julgava ter. Um dos quesitos que fazia com que se sentisse superior era ter o domínio da língua inglesa, o que se mostrou inócuo diante do fato de que todos os seus colegas também possuíam essa habilidade e que, ao contrário de ser um dom divino, era algo indispensável para um desempenho profissional satisfatório. E aquele propósito inicial do início da psicoterapia, apenas um processo que o levaria ao autoconhecimento, acabou se transformando em suporte para ampará-lo diante dos desatinos experimentados pela constatação de que, além de não estar em um patamar intelectual e cultural acima dos demais, tinha sobre si a agravante de que os quesitos sobre os quais se estribava para se considerar superior eram falsos e sem consistência.

O nosso paciente constatou que construíra um castelo de areia sem qualquer fundamentação na realidade. E, embora pudesse ter um nível cultural satisfatório, principalmente se levarmos em consideração a defasagem apresentada pelos pares de sua geração, estava muito aquém de sua soberba perante o mundo. Começou então a perceber que muitas das dificuldades que enfrentava em seu desempenho profissional derivavam principalmente da sua falta de condições culturais no trato com as questões da advocacia. Se no início de sua atuação profissional considerava o escritório em que atuava apenas o ponto de partida de uma trajetória fulgurante, aos poucos foi se dando conta de que, na realidade, teria muito que aprender para poder acompanhar a própria desenvoltura das atividades do escritório. Via-se perdido e atônito diante da dinâmica de atividades do trabalho, fato que, aos poucos, foi fazendo com que ficasse muito aquém do ritmo e das exigências necessárias para um desempenho profissional satisfatório. Se anteriormente a sua soberba balizava sua arrogância de modo a distanciar o outro de seu convívio, a constatação de suas limitações era algo insólito ao seu campo perceptivo, pois antes de qualquer questionamento tinha diante de si o fato de que era necessária uma revisão urgente de seus valores, na medida em que estava vivendo em uma realidade totalmente falseada por uma concepção de superioridade criada ao longo de sua vida e que era totalmente erigida e sedimentada em seu imaginário, sem qualquer ponto de tangência com a realidade. E o que era ainda mais difícil: tinha de rever não apenas valores pessoais como também, e principalmente, constatar suas limitações em um novo constitutivo existencial.

Leôncio sofria com o fato de que todo o arcabouço pessoal que fazia com que se sentisse superior aos demais era falso e, pior, suas limitações eram colocadas em contraste justamente por pessoas que considerava aquém de sua condição pessoal. O domínio da língua inglesa, por exemplo, que o fazia se considerar superior aos colegas, era algo que a prática lhe mostrou ser necessário e imprescindível a qualquer pessoa que minimamente desejasse se desenvolver em qualquer área profissional. Até mesmo a idéia de que sua família era tradicional na área jurídica e tinha "estirpe nobre" (sic) aos poucos foi desmoronando, pois, ainda que esse fato fosse verdadeiro, não podia simplesmente ser ungido pelo próprio nome e ser colocado no mesmo patamar de seus familiares. O percurso que teria de trilhar mostrava-se longo e muito acima de suas possibilidades pessoais e profissionais. Tudo estava a lhe mostrar que as coisas sobre as quais criara sua conceituação de superioridade eram insólitas e não resistiam ao menor confronto com a realidade.

Após alguns meses de processo psicoterápico, Leôncio começou a se dar conta de que a soberba que exibia era uma forma de se defender das próprias limitações e que, se realmente desejasse ter êxito em sua trajetória pessoal e profissional, teria de se fundamentar em dados reais e não em criações do imaginário.

Depois de diversas passagens por vários escritórios, decidiu prestar concurso público para mudar seu horizonte profissional. E assim começou a prestar todos os concursos que surgiam à sua frente, ora para a magistratura, ora para a promotoria, ora para a polícia etc. Novamente constatou que até mesmo os concursos públicos sobre os quais tinha profundo desprezo – dizia que os bacharéis de direito verdadeiramente capazes advogavam e somente os que não tinham essa condição prestavam concurso público para poderem se manter, ainda que precariamente – também estavam a lhe mostrar que a sua condição intelectual e cultural ainda não era suficiente para que lograsse êxito nessa empreitada. Após várias tentativas, Leôncio se deu conta de que era necessário ter grande preparo, envolvendo cursos e leituras, para que pudesse minimamente obter êxito nesses concursos. E se deu conta da necessidade de se preparar adequadamente para o seu percurso profissional. Baseado nessa nova configuração de sua auto-imagem, ele pôde perceber que até mesmo suas relações interpessoais sofriam do mesmo constitutivo, pois a conceituação que atribuía às pessoas em geral também era derivada de suas criações imaginárias. A constatação de que não era superior às pessoas tornava, por si só, indicativo de que uma grande reformulação em sua vida se fazia necessária para que o sofrimento imposto pela soberba que exibia não lhe agrilhoasse ainda mais a existência. Na realidade, somente após alguns anos de psicoterapia foi que Leôncio pôde aceitar tais limitações e partir em busca de novos parâmetros libertários para sua vida. Embora seu processo em psicoterapia se desenvolvesse ao longo de anos, a verdadeira libertação da soberba que o consumia foi muito difícil, pois, antes de qualquer outro determinante, tratava-se de uma reformulação profunda em seus valores de vida, uma vez que essa característica fazia parte de sua personalidade desde a mais tenra idade.

9.2 Algumas Considerações sobre o Caso

Ao escolhermos esse caso para ilustrar o presente capítulo fica muito claro que o fazemos buscando contornos específicos de um paciente que apresentava traços significativos de soberba. No entanto, a sua descrição foi configurando outros determinantes, como o orgulho e uma condição narcísea muito arraigada. Sua personalidade trazia traços fortes e bastante acentuados daquilo que descrevemos como sendo os aspectos patológicos do amor-próprio. O que Leôncio exibia em sua vida eram conceitos que ele mesmo criava e que o colocavam em uma falsa situação de superioridade. Merleau-Ponty[2] ensina que, se a consciência está situada fora do ser, ela não pode se deixar cortar por ele; a variedade empírica das consciências não pode mais ser levada a sério, nada há ali para se conhecer ou compreender, apenas uma coisa é compreensível: a pura essência da consciência. É dizer que a consciência que Leôncio tinha de si era concebida fora de si mesmo e a esse respeito podemos novamente evocar Merleau-Ponty[3], que assevera que nunca é o nosso corpo objetivo que movemos, mas o nosso corpo fenomenal, o que em nosso

---

2 MERLEAU-PONTY, M. *Fenomenologia da percepção*. São Paulo: Martins Fontes, 1999.

3 Ibid.

paciente significa dizer da dicotomia existente entre sua realidade perceptiva e o que era efetivamente vivido.

Os pacientes que trazem em seu constitutivo de personalidade os traços apresentados por Leôncio têm sobre si uma carga muito grande de sofrimento, pois, antes de qualquer outro balizamento, estão sofrendo por mazelas que eles mesmos criaram no afã de se mostrarem superiores aos demais. E a constatação desses determinantes sempre é revestida de muito sofrimento, pois está a exigir uma total transformação não apenas em seu universo de valores como também em toda a sua estruturação de vida. Dessa maneira, como a cada instante sua experiência antiga está presente sob a forma de horizonte que pode reabrir, sua percepção terá novas dimensões em sua estrutura emocional[4]. Cada percepção envolve a possibilidade de sua substituição por outra e, portanto, uma espécie de desautorização das coisas; mas isso também significa que cada percepção é o termo de uma aproximação de uma série de ilusões que não eram apenas pensamentos, no sentido de sua busca de identidade profissional, o que significa dizer que a sua presença no mundo se fazia de modo a estabelecer parâmetros cujas bases se sustentavam não apenas em concepções imaginárias como também em signos que estabelecia como escopo dessas concepções. Assim, por exemplo, ao atribuir o domínio da língua inglesa como determinante de sua superioridade intelectual, o nosso paciente estava, na realidade, criando, a partir de um signo real, um fato irreal. Ainda que poucas pessoas dominassem a língua inglesa, esse fato, por si só, não é determinante de superioridade intelectual, tampouco de qualquer parâmetro de diferenciação interpessoal. Basta lembrar que durante muito tempo os enxadristas foram considerados pessoas com inteligência superior às demais, sendo que essa cantilena foi muito evocada, principalmente durante os torneios mundiais que envolviam enxadristas soviéticos e estadunidenses. No entanto, depois de uma série de avaliações e estudos, concluiu-se, finalmente, que se tratava de pessoas com uma grande habilidade específica, não possuindo, necessariamente, a mesma condição de inteligência para outras atividades. O nosso paciente, da mesma forma, apoiou-se em signos semelhantes para atribuir-se uma superioridade intelectual que, ao ser confrontada em seu percurso pessoal e profissional, não resistiu e o levou à total sucumbência emocional. O seu soerguimento foi tecido em um período de tempo bastante longo, pois, além de uma total revisão da própria autoconceituação, foi necessária a construção de novos paradigmas de estruturação emocional. Merleau-Ponty[5] mostra que não se faz surgir o ser a partir do nada: parte-se de um relevo ontológico em que nunca se pode dizer

[4] MERLEAU-PONTY, M. Op. cit.

[5] MERLEAU-PONTY, M. O *visível e o invisível*. São Paulo: Perspectiva, 1971.

que o fundo não seja nada. O que é primeiro não é o ser pleno e positivo sobre o fundo do nada, é um campo de aparências em que uma delas, tomada à parte, talvez se estilhace ou seja riscada a seguir (é o papel do nada), mas que somente será substituída por outra, a verdade da primeira, porque há um mundo em transformação, porque há alguma coisa que, para ser, não precisa, antes, anular o nada tampouco lhe conferir constitutivo real. O nosso paciente precisou reconstruir sua estrutura emocional sobre novos alicerces e transformar, assim, não apenas seu campo perceptivo sobre os fatos que circundavam sua vida como também efetivar uma transformação sobre eles. Isso significa dizer claramente que a transformação da percepção dos fatos é o indício primeiro da efetiva transformação desses mesmos fatos[6].

O pensamento fecha-se demasiado sobre si mesmo, o que vale dizer que a percepção se estrutura, então, em alicerces nos quais a transformação do paciente rumo a novo horizonte perceptivo é trabalho minucioso que exigirá muito detalhamento e cuidado por parte do psicoterapeuta. É também um trabalho contínuo de ascese espiritual por parte do psicoterapeuta, pois esses casos denotam a condição humana naquilo que ela apresenta de mais difícil: convivência e tolerância. É dizer que a necessidade de um aprumo pessoal bastante sensível se faz necessário para que possamos separar tais quesitos de modo lúcido, no âmbito dos valores que envolvem a questão da auto-estima. E, da mesma maneira que a auto-estima é valor indispensável a todos que desejem a superação de limitações individuais, a soberba, o egoísmo e a condição narcísea são fatores que precisam ser devidamente separados para que não se incorra em erro grave de avaliação e até mesmo de intervenção. É dizer que, se a auto-estima é quesito indispensável em uma estrutura emocional saudável, a soberba, o egoísmo, a condição narcísea e a auto-estima rebaixada devem ser combatidas e evitadas para que essa estrutura emocional não sucumba diante dos desatinos e desafios que surgem em nossas vidas.

9.3 Albertino – A Vivência Real do Amor Virtual

Albertino era um advogado de 44 anos, muito bem-sucedido profissionalmente e proprietário de um grande escritório de advocacia que agregava em suas

---

6 ANGERAMI, V. A. *Psicoterapia fenomenológico-existencial*. São Paulo: Thomson Learning, 2003.

atividades cerca de dez profissionais de direito. Divorciou-se após uma convivência conjugal de cerca de três anos. Após a separação, saiu com algumas mulheres, mas não conseguiu efetivar nenhum relacionamento mais profundo. Procurava uma companheira que se enquadrasse em seu modelo de idealização. Não havia ninguém que pudesse alcançar seu padrão de exigências. Frise-se, nesse aspecto, que até mesmo o seu relacionamento conjugal teve sérios pontos de atrito, causados pela idealização que ele fazia de casamento. Quando buscou ajuda na psicoterapia, Albertino apresentava sério comprometimento em sua vida pessoal, devido, principalmente, ao fato de não conseguir estabelecer vínculos amorosos mais efetivos. Logo nas primeiras sessões, foi ficando evidente que Albertino, por causa dessa idealização, estava buscando alternativas para sua vida amorosa na realidade virtual. Contou, então, que conhecia mulheres nas "salas de bate-papo" da Internet e, após algumas semanas ou meses de contato virtual, propunha um encontro com elas. A convivência desmoronava completamente, pois a pessoa não condizia com a imagem criada em seu imaginário. Algumas vezes, utilizando-se dos modernos recursos existentes, tinha relações sexuais virtuais com suas parceiras, podia vê-las ao mesmo tempo em que era visto por meio da web câmera. Dizia do prazer de se masturbar na frente do computador para ser visto pela parceira que igualmente se masturbava na frente de sua tela. O problema de Albertino começou a complicar a sua vida, pois passava as noites diante da tela do computador e tinha grandes dificuldades para o exercício profissional durante o dia. Houve, inclusive, uma mulher com quem Albertino se relacionou que era casada, acordava no meio da madrugada, escondida do próprio marido, e passava horas no computador em relacionamento virtual com o nosso paciente. Esse caso foi muito estressante para Albertino, pois o marido descobriu e houve um sério estremecimento na sua relação conjugal, o que deixou Albertino bastante confuso e com sentimentos de culpa muito acentuados. Essa mulher Albertino não conheceu, pois, antes que pudesse estabelecer qualquer vínculo real, o caso foi descoberto pelo marido, o que provocou muitos atritos e sérios aborrecimentos.

O mais estranho nessa história toda é que Albertino era um homem considerado muito bonito e charmoso pelas mulheres, além de ter uma invejável carreira profissional, o que lhe proporcionava acesso a todos os lugares requintados da sociedade. Era alguém que certamente faria sucesso com mulheres em qualquer contexto. Mas a sua realidade virtual fazia com que não procurasse por esses contextos, buscava na Internet a parceira ideal.

Outro aspecto igualmente esquisito acontecia ao procurar parceiras para encontros reais depois de longos períodos de relacionamento virtual. Ocorria uma grande decepção, pois as mulheres enviavam fotos do passado. Então, ele ia ao encontro das pessoas cujas imagens foram mostradas pelo computador, geralmente magras e elegantes, e se deparava com pessoas obesas, sem qualquer semelhança com as fotos vistas. Outras situações eram igualmente frustrantes: Albertino muitas vezes conhecia pessoas de outros estados e, seja pelo distanciamento físico – que impedia que a idealização efetiva sobre essas mulheres desmoronasse –, seja pela dificuldade de se relacionar de maneira mais estreitada, o fato é que era justamente por essas mulheres que Albertino se encantava.

A cada semana Albertino trazia para a psicoterapia um novo caso, uma nova aventura, e igualmente novas frustrações. O que tornava o caso mais intrigante era o fato de que Albertino não era uma pessoa introvertida, tímida, que tivesse dificuldades em relacionamentos interpessoais, o que justificaria conhecer pessoas pela Internet. Ao contrário, sempre foi alguém que teve muito êxito em suas relações, buscando suas parceiras segundo critérios bastante apurados. No entanto, encontrava-se totalmente à mercê da Internet, e a realidade virtual exercia sobre ele tal fascínio, que se tornava muito difícil desvincular-se desses contatos. Procurava avidamente os horários em que encontrava pessoas com as características anunciadas nos *sites* de busca; empenhava-se para se mostrar sedutor, utilizando mensagens previamente estabelecidas, e tentava fazer de cada contato uma experiência para se cercar de garantias de que estava finalmente diante daquela que seria a parceira ideal. E, desde situações hilárias até outras que poderíamos chamar de tragicômicas, a trajetória de Albertino era um corolário de situações inusitadas e sem qualquer parâmetro de análise prévia.

Em uma ocasião, depois de inúmeros contatos virtuais, Albertino marcou encontro com uma moça para se conhecerem pessoalmente. Tudo combinado, horário, local e trajes para melhor identificação, uma vez que as imagens exibidas pela Internet talvez não permitissem que ambos se identificassem prontamente, e lá foi Albertino ao tão sonhado encontro. O local combinado era um bar freqüentado pela classe média paulistana, que disponibilizava mesas com telefones para que as pessoas pudessem se comunicar e estabelecerem uma forma de contato. Era um dos chamados bares de encontros, aonde as pessoas vão à procura de parceiros; onde, desde o ambiente até a decoração, tudo era voltado para essa intenção. Albertino estava tomando um drinque, quando o telefone de sua mesa tocou. Imediatamente ele atendeu e percebeu tratar-se da parceira esperada. Ela estava em uma mesa no outro canto do bar. Albertino convidou-a para vir até sua mesa para se conhecerem e estreitarem o relacionamento que já existia, embora em nível virtual. Sua chegada provocou em Albertino uma grande decepção, pois de imediato percebeu que fora enganado. A imagem que ela mandou via Internet era de outra mulher; as características que dizia serem suas eram falsas e, o que era pior, idade, nome, até condição socioeconômica, tudo, absolutamente tudo, era falso. Albertino vinha para a sessão desolado e contra-argumentava sobre as inúmeras pessoas que haviam se conhecido pela Internet e que acabaram até se casando. Citava um amigo cujo casamento se realizou dessa maneira, além de inúmeros casos que não conhecia pessoalmente, mas que, da mesma forma, eram resultantes do contato virtual. Nada o fazia mudar de rumo e, semana após semana, lá estava Albertino nas sessões, falando de suas aventuras e casos virtuais. Todo o "imbróglio" que vivenciava nessas buscas não valia para demovê-lo da procura incessante em que se embrenhava na realidade virtual. Sua vida sexual praticamente se reduzira à masturbação frente à web câmera, juntamente com a parceira que também se masturbava no embalo de citações eróticas. O contato pessoal era cada vez mais rareado e, o que era mais complicado, argumentava que somente assim encontraria a parceira ideal.

A situação de Albertino ia se tornando mais difícil, pois, em vez de uma mudança para novos hábitos, ele, cada dia mais, se enfronhava nessa rede virtual. Tudo era o contato virtual; sua realidade existencial eram apenas os contatos realizados pela Internet. Até mesmo sua vida profissional passava por sérias turbulências em razão do tanto que vinha se dedicando à vida virtual, em detrimento de compromissos assumidos em seu escritório e que não estavam sendo cumpridos. Albertino sofria demais com essa situação, mas se mostrava completamente impotente para efetivar uma mudança em seus hábitos, o que significava dizer na própria vida. E as sessões se arrastavam, sem qualquer mudança significativa, pois o que se fazia necessário era Albertino se conscientizar de que o rumo que conferia à própria vida não lhe fazia bem, tampouco podia ser considerado satisfatório em termos de perspectivas de vida. Somente após meses de psicoterapia é que Albertino começou a refletir sobre sua situação e passou a procurar alternativas.

9.4 Algumas Considerações sobre o Caso

Albertino é um caso que está a exigir uma completa revisão de nossos postulados teóricos, pois traz em seu bojo questões que envolvem a nossa contemporaneidade de modo único. Todo o nosso cabedal teórico precisa se atualizar para compreender os casos de pacientes envoltos em fenômenos da Internet. Comentamos anteriormente o tanto que a realidade virtual está a exigir que tenhamos uma atitude inovadora diante dos pacientes que trazem relatos dessas vivências para o âmbito da psicoterapia. A realidade virtual tornou-se presente de maneira tão abrupta em nossa realidade contemporânea que não podemos desprezá-la tampouco negar sua importância no desenvolvimento da personalidade dos jovens de hoje. A vivência de Albertino é uma pequena amostra do que os pacientes estão vivendo na atualidade. Seu sofrimento, sua dor e a própria maneira como tentava dimensionar as escolhas de suas parceiras nos remetem a parâmetros completamente diferentes daqueles que escutávamos de nossos pacientes em décadas passadas. A literatura especializada em psicologia somente agora começa a tartamudear as primeiras palavras no sentido de abranger uma compreensão significativa dessa realidade virtual. As pessoas envolvidas na realidade virtual proporcionada pela Internet estão buscando sentidos de vida e prazer que precisam ser compreendidos à luz de novos modelos de abrangência, pois, do contrário, ficaremos presos a teorizações estanques que em nada nos auxiliarão na ajuda a esses pacientes.

Albertino, ao se mostrar um profissional bem-sucedido, arrastava sobre esse conceito o fato de que a sua vivência virtual não era compatível com essa realidade. A primeira indagação que fazemos ao nos depararmos com o seu caso é aquela que nos remete ao fato de que alguém com seus atributos pessoais não necessitaria buscar parceiras pela Internet, tampouco se submeter a situações tão constrangedoras como as citadas na descrição do caso. Mas Albertino, a despeito de tantas argumentações em contrário, não se dispunha a procurar outras formas de relacionamento que não as da realidade virtual. Merleau-Ponty[7] ensina que o pensamento é relação com o mundo tanto como relação com outrem; estabelece-se, portanto, concomitantemente nas três dimensões. E é diretamente na infra-estrutura da visão que é preciso fazê-lo aparecer. Albertino criava inicialmente em seu imaginário o constitutivo de suas parceiras para, na seqüência, vê-las pelos recursos da tecnologia existente. Seja pela web câmera, seja por imagens fotográficas, o fato é que nosso paciente idealizava, a partir disso, configurações de personalidades que atribuía a essas pessoas sempre a partir de sua concepção. Evidentemente que a decepção era inevitável, pois é muito difícil encontrar pessoas que satisfaçam às nossas idealizações na íntegra. É fato que todas as relações humanas são idealizadas e sempre temos grandes ilusões sobre as pessoas com quem nos relaciona-

[7] MERLEAU-PONTY, M. O *visível e o invisível*. São Paulo: Perspectiva, 1971.

mos, no entanto, o que se passava com Albertino era atribuir a essas pessoas configurações que as colocavam além da própria realidade humana, pois seriam sem defeitos, sem qualquer coisa a desqualificar sua humanidade. A vivência virtual elimina possíveis conflitos inerentes ao convívio humano, pois não há nada a provocar atritos, uma vez que a relação existe apenas e tão-somente nos parâmetros que os interlocutores permitem. Um relacionamento interpessoal é construído na busca de afinidades e principalmente nos aspectos de flexibilização que nos levam ao encontro de similaridades e compatibilidade. A grande arte do relacionamento humano consiste justamente nessa capacidade que nos direciona para a vivência de novos desdobramentos para a própria existência. Assim, em um relacionamento, construímos aspectos que nos levam a uma troca contínua daquilo que buscamos para as nossas vidas e do que de fato o outro pode oferecer. E isso, incluindo-se tudo que faz parte indissolúvel de um relacionamento interpessoal, ou seja, momentos em que a nossa dor nos torna irascíveis, momentos em que nossa tolerância para com as coisas do outro é praticamente nula. Igualmente teremos momentos de superação, de elevação, momentos em que o outro é o paradigma a nos impulsionar para os novos horizontes de vida. A realidade virtual não apenas empobrece a condição humana pela precariedade de seu desenvolvimento, como também se mostra distante de tudo que pode ser preconizado como uma vivência saudável. Alguém que passa a madrugada na frente da tela do computador relacionando-se com pessoas que existem apenas em seu imaginário – embora seja real, suas características podem estar sendo falseadas – não pode ter nessa vivência algo que seja salutar para o seu desenvolvimento pessoal. E, embora, como o nosso paciente afirma, existam inúmeras pessoas que se conhecem pela Internet e posteriormente se relacionam, inclusive, muitas vezes, até com relações consideradas estáveis, o fato é que a grande maioria dos casos mostra justamente o contrário: pessoas falseando a realidade para se mostrarem de maneira bastante diferente do que realmente são, e que, ao se encontrarem, decepcionam-se pelo simples fato de se depararem com realidades muito distantes das exibidas no mundo virtual.

O encontro, narrado por Albertino, que teria com sua parceira virtual e que seria realizado em um bar característico para esse fim, nos dá um parâmetro muito claro dos desencontros presentes nessa vivência virtual. Além do fato de sua parceira ter falseado seus dados pessoais, ainda houve o agravante de tratar-se de alguém que não lhe despertava o menor interesse em termos de suas buscas por encontros existenciais. O nosso paciente acabava se tornando refém de situações inusitadas, nas quais não apenas se via totalmente envolto como também se tornava o maior algoz de si próprio. Os sofrimentos advindos dessas situações eram, na realidade, fatos que não podem ser analisados isoladamente, pois se constituem em uma totalidade que compõe o confinamento que ele impôs à própria existência.

Ao se decidir pela realidade virtual, ao mesmo tempo em que abandona outras possibilidades de vida e ação, Albertino delibera por uma vivência em que não precisa se expor enquanto totalidade existencial, pois o mundo virtual permite que seja mostrado apenas e tão-somente o que se queira ser inferências do real. Assim, por exemplo, uma pessoa de 50 anos pode passar por alguém de 30, como também um homem pode perfeitamente se identificar como sendo uma mulher. Não há nada que sirva como impeditivo ao falseamento dos dados pessoais, e a realidade virtual, ao acolher a todos indistintamente, cria uma bruma de fantasias erigidas inicialmente no imaginário dos usuários e, seqüencialmente, projetadas na tela do computador. Albertino procurou a parceira ideal; outras pessoas buscam sonhos que, mais do que idealizações, acabam se tornando contrapontos a situações de vida estranguladas e sem dignidade existencial.

O computador, assim como outros avanços tecnológicos, foi criado para propiciar conforto e desenvolvimento à condição humana. A questão que se torna relevante nesta análise é o desvirtuamento que acontece na atualidade. O número de jogos virtuais em que pessoas dos mais diferentes cantos do universo interagem, e que se multiplica a cada dia de maneira incontrolável, está a exigir dos educadores nova *performance* para a compreensão de sua ocorrência. Ao mesmo tempo em que pais e educadores se mostram atônitos e preocupados com os desdobramentos que esses jogos exercem sobre os adolescentes, outras faixas etárias, como é o caso do nosso paciente, se atiram aos prazeres proporcionados pela realidade virtual sem nenhuma preocupação ou zelo consigo mesmo. E o resultado não poderia ser diferente: pessoas se envolvendo nas mais diferentes práticas virtuais e sempre tendo como questão intermediária a busca de envolvimento humano.

A psicologia e a psiquiatria contemporâneas talvez necessitem de novos instrumentais para engendrar uma compreensão mais verdadeira e humana para essa nova realidade – a virtual. Se insistirmos em compreender essa realidade sem nos aproximarmos de novos modelos de intervenção e sem adequarmos nossa literatura aos novos tempos, as nossas análises serão lançadas ao mais completo ostracismo. Certamente da superação de nossas limitações teóricas é que nascerá a condição que nos permitirá balizar a realidade virtual de maneira abrangente e decididamente humana. Embora, paradoxalmente, pareça difícil a psicologia e a psiquiatria renunciarem aos esquemas de explicação mecanicista quando se aplicam à ação do mundo sobre o homem – mesmo que nunca tenham deixado de levantar dificuldades evidentes –, a realidade virtual, nos lança em um turbilhão de dúvidas e questionamentos, cujo clamor insiste em nos lançar em novos horizontes de perspectiva e investigação teórica.

9.5 A Dependência Excessiva do Amor Materno

Tudo é contingência no homem, no sentido de que esta maneira humana de existir não está garantida a toda criança humana por alguma essência que ela teria recebido em seu nascimento, e em que ela deve constantemente refazer-se nela através do corpo objetivo.

Merleau-Ponty

Waldecy era uma jovem de cerca de 30 anos, quando procurou ajuda da psicoterapia. Estava casada há quatro anos e seu relacionamento conjugal vivia crises constantes em razão do apego excessivo que tinha por sua mãe. Tão logo casou, ela se mudou com o marido para um bairro próximo ao de sua mãe. O apartamento em que moravam, segundo o próprio depoimento, "era uma gracinha" (sic), pois, além de ser em um prédio bonito, a decoração era feita com inúmeros bibelôs e pequenos objetos de arte que o casal havia amealhado em viagens e passeios. Tudo foi feito segundo seu desejo, pois o marido fazia todas as suas vontades, imbuído de um amor forte e ardente. Mas, tão logo se mudaram para a nova moradia, começaram os atritos. Waldecy era professora primária e chegava em casa por volta das 17h, e assim que adentrava no lar, começava a chorar, sentindo falta do convívio com sua mãe. Quando o marido chegava, por volta das 19h, ela já se encontrava debulhada em lágrimas de modo incontrolável. Diversas vezes ele a levava à casa da mãe, pois não agüentava vê-la sofrendo daquela maneira. E não adiantava telefonar, pois Waldecy só se acalmava diante da presença física da mãe. Depois de algum tempo dessa situação, o marido cedeu aos seus apelos e eles mudaram para um prédio distante a apenas um quarteirão da casa da mãe. Waldecy contou que sentiu o coração estrangulado (sic) quando colocou seu apartamento para alugar, depois de tanto carinho e esmero para decorá-lo. Mas o seu sofrimento era tanto que compensava desfazer-se de seu primeiro apartamento. O novo era em um prédio muito velho e tinha várias unidades por andar, além do coletor de lixo que ficava próximo aos elevadores.

Segundo Waldecy, o cheiro de lixo que exalava desses coletores era insuportável. Isso era recompensado pelo fato de estarem a apenas dois minutos da casa de sua mãe. E assim, todos os dias após voltar do trabalho, Waldecy ia para a casa de sua mãe e lá permanecia até por volta das 19h, horário em que o marido chegava a casa. Segundo as próprias palavras, o marido era um verdadeiro santo para agüentar tanta coisa sem reclamar minimamente do que quer que fosse. Ainda assim, Waldecy começou a esboçar novas reclamações, pois dizia que o apartamento era muito ruim e o prédio muito feio e velho, o que a impedia de convidar as amigas para visitá-los por se sentir envergonhada das condições de sua moradia. E tanto chorou e fez que convenceu o marido que o melhor era mudarem-se para a casa da mãe, afinal, ela era filha única e sua mãe também sofria com sua ausência. Além de tudo, economizariam a quantia do aluguel, o que permitiria que guardassem esse dinheiro para comprar um imóvel. E assim se mudaram para a casa da mãe. E passaram a ser uma só família: Waldecy e o marido se instalaram em um dos quartos da casa, e seus pais ocuparam outro cômodo. Como era de esperar, começaram os primeiros atritos, pois o espaço em comum provocava os mais diferentes tipos de colisões, seja pela vivência do espaço em si, seja pelas dificuldades de adaptação do marido a uma realidade diante da qual os demais membros da família já estavam acostumados. No entanto, por maior que fosse o amor de seu marido, Waldecy começou a perceber que seu relacionamento começava a estremecer na base, pois, ainda que fosse sólido, não parecia ter condições para suportar tantos desatinos.

O marido se sentia acabrunhado diante de tantas querelas e cada vez mais se dava conta de que seu amor não era suficiente para justificar tantos infortúnios. Waldecy, embora tivesse consciência desses fatos, se via emocionalmente estabilizada por estar em companhia dos pais e tentava, de todas as formas, convencer o marido de que o melhor que tinham a fazer era viver com eles, pois essa união, de fato, se constituía sua verdadeira família. E os primeiros atritos surgiram e demonstravam bastante vigor para serem estancados com o choro de Waldecy, pois, na realidade, o marido agüentou muitos desatinos por muito tempo e parecia não mais ter tolerância para os desejos da mulher. Na realidade, quando Waldecy procurou ajuda da psicoterapia, queria encontrar forças para demover o marido de seu projeto de mudança residencial, e argumentava que, se ele realmente a amasse, aceitaria viver com seus pais sem constrangimento, afinal de contas, todos o amavam como a um filho. E assim a psicoterapia prosseguiu por longos meses, sem que a paciente conseguisse perceber alternativas para sua vida que não a de viver sob a tutela de seus pais. Tinha projetos de engravidar, mas sempre partilhados com orientações feitas por seus pais, o que, evidentemente, desgostava e muito a seu marido. Deixou a psicoterapia ao começar a perceber que suas reflexões culminariam com a necessidade de assumir sua nova condição, o que implicaria abandonar o papel de filha. Foi-se, sem deixar qualquer vestígio atrás de si.

9.6 Algumas Considerações sobre o Caso

Trata-se de um caso no qual fica evidente que o amor materno era vivido pela paciente em uma grande simbiose com sua mãe. Era notório que a nossa paciente buscava proteção da mãe para continuar recebendo as benesses de filha. Sua nova condição de esposa conflitava de maneira drástica com a de dependência materna. Frise-se, no entanto, que, quando existe a dependência dos filhos em relação aos pais, a recíproca é verdadeira, ou seja, os pais também não aceitam que suas vidas possam prescindir da presença dos filhos. É necessário refletir sobre esse aspecto, pois, na quase maioria das vezes, enfatiza-se apenas um dos lados da questão. O filho, ao continuar vivendo com os pais, mesmo depois de casado, prolonga a condição de "filho", sem procurar se desenvolver em outras possibilidades existenciais. Da mesma maneira, pais que procuram insistentemente manter os filhos atrelados ao seu jugo também não conseguem se desenvolver para outras possibilidades de vida que não apenas a vivência do papel de "pais".

Comentamos anteriormente que muitos pais doam suas vidas pelos filhos e esperam que, posteriormente, eles possam retribuir essa doação. É fato que, além de o filho não ter essa condição de reparação, ainda temos que, ao se desenvolverem por caminhos próprios, os filhos prescindem dos pais em suas trajetórias. Sartre apud Angerami[8] alegra-se com a morte do pai, dizendo: "Ele me deu a liberdade. Não há bons pais, é essa a regra (...) Se tivesse vivido, o meu pai ter-se-ia deitado sobre mim com todo o seu comprimento e ter-me-ia esmagado. Felizmente ele morreu jovem (...) Gerar filhos nada há de melhor; tê-los que iniqüidade".

Gadotti[9], em contrapartida, coloca ser provável que o amor dos pais pelos filhos seja um tabu, que o pai (e a mãe), ao proteger seus filhos, freqüentemente os sufoque e, em vez de mostrar-lhes a vida, o que é amor, reprima a vida, e que,

---

8 ANGERAMI, V. A. *Psicoterapia existencial.* São Paulo: Thomson Learning, 2001.

9 GADOTTI, M. *Dialética do amor paterno.* São Paulo: Cortez, 2003.

apesar dos pais, o amor brota em toda criança. O que muitas vezes observamos é o sentimento de posse dos pais pelos filhos, como se esses fossem um direito de propriedade da família burguesa. E a família torna-se protetora da propriedade e conservadora do destino do ser humano. No âmbito da literatura, o caso mais eloqüente em que é descrita a maneira como o pai provocou sérios danos à personalidade do filho é o livro *Cartas a meu pai*, de Franz Kafka. O pai de Kafka não chegou a receber esses escritos encaminhados a ele por sua mãe, sendo devolvidos posteriormente ao filho. E, ao contrário do filme que citamos anteriormente dos Irmãos Taviani, *Pai patrão*, no qual a violência do pai contra o filho era envolta em muita surra e toda sorte de agressão física e grandes doses de humilhação moral e emocional, no caso de Kafka não havia agressão física, mas ironia, degradação moral e a completa anulação de seu desenvolvimento pessoal, por meio da completa esculhambação de tudo que fazia e pensava.

A nossa paciente procurava nos pais proteger-se contra as responsabilidades que a vida conjugal confere ao casal. Continuar a ter os cuidados dos pais como se ainda fosse criança era sua obstinação e o quesito que prejudicava seu relacionamento amoroso. Embora o marido fosse muito tolerante, em evidências que se mostravam no modo como aceitava os caprichos da mulher, cedendo e mudando de residência diante de suas crises, o fato é que esse tipo de situação quase sempre se torna insustentável. Na vida conjugal, ocorre um processo de adaptação muito grande que implica a acomodação aos costumes e valores do parceiro. E isso é o determinante, inclusive, dos atritos que ocorrem na quase maioria dos relacionamentos, nos primeiros meses de convivência. Aos poucos, as coisas se assentam e, a partir da flexibilização de ambos, a convivência se torna prazerosa, sem os resquícios dos primeiros momentos de atritos. A partir disso, podemos inferir a dificuldade resultante desse período de adaptação quando, além dos cônjuges, existe a presença de outros membros familiares. A adaptação será algo cuja simetria é praticamente indefinível, pois as peculiaridades de cada vivência determinarão detalhamentos complexos e inerentes a cada desdobramento do relacionamento.

Waldecy, ao mostrar intolerância no período inicial de adaptação conjugal, manifesta também dificuldades para o enfrentamento de situações nas quais o determinante maior de desenvolvimento pessoal consiste na superação das barreiras que se colocam à nossa frente. Ao longo da vida, sempre existem barreiras a exigir a nossa superação nos arcabouços pessoais, para que possamos continuar em nosso processo de desenvolvimento. Permanecer sob a proteção dos pais é negar os diferentes momentos de nosso desenvolvimento pessoal e até mesmo as diversas configurações que a vida nos exige. A nossa vida é uma vivência contínua dos mais diferentes atributos pessoais. Assim, somos pai, filho, psicólogo, marido, amigo etc. A negação de qualquer desses atributos, ainda que se evoquem causas nobres em sua defesa, é igualmente cercear possibilidades de nosso desenvolvimento pessoal.

Ao procurar a psicoterapia, Waldecy procurava parâmetros que pudessem trazer compreensão aos conflitos conjugais que o casal vivia. E o que ficava cada vez mais evidente é que, ao se deparar com questionamentos e reflexões pormenorizadas sobre a natureza de seus conflitos, a psicoterapia pareava com os seus argumentos de modo conflituoso. Qualquer coisa que minimamente evocasse questionamento sobre os desatinos que envolviam seus conflitos conjugais, enfeixando-os ao fato de morarem sob o mesmo teto de seus pais, a deixava completamente irascível e sem qualquer condição de continuidade dialética. Em algumas situações, ela simplesmente se recusava a falar de sua relação conjugal e ficava divagando sobre peculiaridades cotidianas que não tinham o menor ponto de tangência com seus conflitos conjugais. Sempre que os abordava, enfatizava que a busca pelo acolhimento da casa dos pais era para que vivessem em harmonia, na medida que sua verdadeira família não era apenas ela e o marido, mas também seus pais. Dizia-se inconformada com a resistência do marido em continuar vivendo na casa paterna e argumentava que, se ele realmente a amasse, não faria tantas objeções. De nada adiantava qualquer tentativa de contraponto reflexivo, pois sua argumentação tinha uma estruturação muito bem construída e, se não convencia o marido e tampouco o psicoterapeuta, era bastante convincente a si própria.

Merleau-Ponty[10] ensina que tudo o que somos, nós o somos sobre a base de uma situação de fato que fazemos nossa, e que transformamos sem cessar por uma espécie de regulagem que nunca é liberdade incondicionada. É dizer que, ao estruturar sua vida nesses moldes, Waldecy está configurando uma nova realidade perceptiva para sua realidade, moldurando-a segundo o que concebeu como sendo sua vivência ideal. O marido torna-se, assim, mero coadjuvante em sua trajetória existencial, alguém cuja disponibilidade emocional deve ser única e exclusivamente a de atendê-la em suas vontades e necessidades. A vivência de Waldecy era algo insólito em que cada sorriso tinha atrás de si um bocejo de aborrecimento; cada manifestação de alegria, uma decepção com as atitudes do marido; cada situação de prazer um desprazer pelas cobranças que o marido fazia para que vivessem sem ingerência direta de seus pais. A psicoterapia se arrastava, e se tornava cada vez mais difícil para ela a acomodação desses conflitos com a proposta de uma vida mais saudável, que

10 MERLEAU-PONTY, M. *Fenomenologia da percepção*. São Paulo: Martins Fontes, 1999.

contemplasse em seu bojo perspectivas conjugais mais libertárias. O processo de psicoterapia foi interrompido abruptamente sem qualquer justificativa plausível. Ela simplesmente deixou de comparecer às sessões e, quando interrogada pela nossa secretária sobre a continuidade do processo, não respondeu aos nossos telefonemas, pagou a remuneração devida e evadiu-se.

É um caso cuja importância de colocação neste livro reside justamente no fato de ser um processo interrompido abruptamente e que não se configura como um caso de êxito semelhante aos que geralmente são colocados para ilustrar as publicações de psicoterapia. Lidar com a frustração faz parte das possibilidades humanas e, sem dúvida alguma, refletir sobre essa perspectiva é bastante salutar, pois nos remete aos diversos detalhamentos de nossa atuação profissional. Embora seja fato que muitos casos não caminhem segundo as nossas expectativas de desenvolvimento, igualmente é verdadeiro, como o caso de Waldecy, que sua interrupção se deveu muito mais à dificuldade da paciente em se libertar dos grilhões que estavam aprisionando sua existência do que a qualquer outra variável que nos remeta a uma reflexão sobre as posturas do psicoterapeuta e os tentáculos da psicoterapia em si.

É importante, entretanto, que atentemos para casos cuja interrupção nos remeta às nossas dificuldades pessoais – aí envolvendo restrições morais, religiosas, sociais, políticas, ideológicas e até pessoais etc. – para que tenhamos uma reflexão contínua sobre a necessidade de um constante aperfeiçoamento de nosso instrumental de intervenção. Ser psicoterapeuta é uma atividade que, além da própria superação de barreiras pessoais, nos remete a aspectos de dimensionamento da nossa condição pessoal rumo a novos patamares existenciais. Aceitar que o paciente pode decidir pela interrupção da psicoterapia e respeitá-lo em sua decisão é uma atitude bastante importante em nosso desenvolvimento pessoal e profissional.

Capítulo 10

Considerações Complementares

Outros invernos virão... ainda que
a minha alma vagueie perdida
em busca de novas floradas... ainda que
meu espírito busque pelos cantos dos universos seus
pontilhados de apego... o desapego é
a própria condição humana... eu sou
o meu passado no desapego... passeio pela
minha infância e tomo sorvete
na tarde de verão... e vejo o bonde
passando pela minha rua... esse bonde levou
meus sonhos de menino que
*hoje procura por esse vazio que ficou...**

* ANGERAMI, V. A. (org.) *As várias faces da psicologia fenomenológico-existencial*. São Paulo: Thomson Learning, 2005.

10.1 O Início do Fim

Falamos das diferentes manifestações de amor em seus diferentes constitutivos. Passeamos por filmes, romances, tratados filosóficos e por situações que a vida nos remeteu a nossas vivências amorosas. O fogo da lareira, o sol escaldante da praia de Jacumã, o frio da Serra da Cantareira, a alegria de doces momentos de prazer, da música envolvente que sempre circundou os momentos em que este livro estava sendo produzido – Mozart, Villa-Lobos, Chiquinha Gonzaga, Nazareth, Amaral Vieira e Bach –, enfim, as diversas manifestações amorosas que sempre nos tocam a alma de diferentes maneiras, e que agora são passadas nestas linhas de modo a repartir a emoção que nos impele a refletir sobre essa temática. A transformação que o amor confere às nossas vidas certamente é algo que dissolve o ódio em qualquer de suas manifestações. Podemos afirmar, quase sem margem de erro, que os grandes dirigentes mundiais, ao impelirem seus países para conflitos bélicos, certamente estão imbuídos de muito ódio no coração e totalmente distantes de quaisquer manifestações amorosas que existem no seio do espírito humano. Não é possível imaginar que um artista, seja ele músico, pintor, escultor, dançarino etc., esteja envolto em ódio ao iniciar sua atividade. O violinista não tem como executar uma peça de Bach, Mozart, Villa-Lobos, e ao mesmo tempo pensar na destruição de seus semelhantes. Igualmente não há como imaginar um artista plástico empunhando seus pincéis e diante da tela desejar a morte de seus semelhantes. E assim, quantas manifestações artísticas forem evocadas, teremos números similares de diferentes configurações amorosas em que o ódio não tem lugar.

As manifestações de ódio são impelidas por razões pessoais que implicam vidas desagregadas do verdadeiro sentido da nossa humanidade. Ao decidir invadir um país sob qualquer pretexto, por mais justo que esse possa parecer, a nossa condição de humanidade está sendo lançada no lixo, pois, ao mesmo tempo em que o amor é totalmente assolapado, assiste-se ao triunfo do ódio, do sentimento que pede a destruição da espécie humana pelo simples capricho de um punhado de poderosos dirigentes mundiais. Uma morte sempre é uma perda irreparável em nosso constitutivo humano; no entanto, quando vemos as estatísticas das guerras, invasões, conflitos beligerantes das mais diferentes naturezas, deparamos com números frios, que apenas retratam a quantidade de *baixas* ocorridas nos combates.

Quando observamos afirmações de que o poeta e o artista sonham com um mundo idealizado, sem conflitos e sem beligerância, antes de qualquer outro indício, o que buscamos é uma realidade na qual o amor exista como o principal constitutivo de nossa condição humana. Onde existir essa condição transbordante de amor, os conflitos, ao surgirem, serão resolvidos sem a presença do ódio destruidor, sem a necessidade de aniquilar o outro de maneira irreversível. Uma sociedade justa e fraterna será aquela em que os dirigentes considerarem o outro como semelhante; uma sociedade em que o amor fraterno jorre esperança e dignidade a todos, indistintamente.

Em contrapartida, podemos afirmar que toda e qualquer manifestação em que se decida por benefícios pessoais em detrimento de questões sociais não tem em seu aspecto originário a presença do amor. Assim, por exemplo, quando alguém desvia verba pública para sua conta particular não comete apenas um roubo ou um ato de contravenção penal, comete também um ato de desamor ao próximo, pois essa verba desviada deixará de ser destinada à construção de hospitais, creches, escolas, moradias etc. Dessa maneira, contribui também para a geração do ódio em relação aos seus executores; para a impertinência de se aceitar tais atos como humanos; para a não-aceitação da mera possibilidade de que tais atos estejam sendo efetivados por seres humanos. Talvez o dia em que aceitarmos que o crime cometido contra os excluídos é um ato de desamor contra toda a condição humana, caminharemos em direção a novos horizontes de dignidade, admitindo que o desamor e o ódio são sentimentos que não terão lugar nos relacionamentos interpessoais.

A exploração mercantilista imposta pelo capitalismo selvagem que permeia a maioria das sociedades contemporâneas traz em sua fundamentação o sentimento de predominância do desamor, pois, ao se mensurar apenas o lucro, sem qualquer preocupação com a degradação humana, o desamor e o ódio triunfam sobre o amor. Até os movimentos revolucionários que tentam desmoronar essas sociedades injustas também são movidos pelo mesmo ódio de que são vítimas.

Merleau-Ponty[1], refletindo sobre o impasse ocorrido nas tentativas de transformação social, a partir de ações revolucionárias, assevera que essa ação repousa nestes dois princípios: o partido tem sempre razão em última instância, e em última análise, nunca se tem razão contra o proletariado. Para se observar esses dois princípios ao mesmo tempo, é preciso que haja uma relação de troca entre o partido e o proletariado; é preciso um partido que aceite a crítica dos proletários, enquanto ela não se constituir em segundo poder, camarilha ou facções. E, na realidade, quando caminhamos para tais questionamentos, o que emerge de imediato é o profundo acirramento de posições

1 MERLEAU-PONTY, M. *Signos*. São Paulo: Martins Fontes, 1999.

quase sempre mediadas por interesses meramente pessoais e que não consideram o outro como semelhante. Freire[2] mostra que quem foi oprimido é o maior opressor. Assim, *ao agredirem seus companheiros oprimidos estarão agredindo neles, indiretamente, o opressor também "hospedado" neles e nos outros. Agridem, como opressores, o opressor nos oprimidos.*

As desavenças econômicas e sociais, por mais que existam teorias a explicá-las, sempre trazem em suas raízes o profundo desamor que os integrantes dessas cenas apresentam pela condição humana. Daí a célebre frase de Ernesto Che Guevara, um dos líderes da revolução cubana: "*Hay que endurecer-se pero sin perder la ternura jamás*". Um economista, por exemplo, que proponha que, para modernizar uma determinada empresa, seja necessário um grande enxugamento de seu quadro de funcionários, não considera minimamente que por trás desse contingente a ser dispensado existem pessoas, famílias, enfim, corações vibrando em ânsia e que serão totalmente excluídos de qualquer sentimento de amor e dignidade. Da mesma forma, um advogado que usa seus conhecimentos teóricos para dar legalidade a atos de contravenção penal que implicam prejuízos a um grande número de pessoas, não possui sentimentos de amor para com o seu semelhante, pois, se assim fosse, certamente não advogaria para tais causas. E, assim, poderíamos citar inúmeros exemplos das mais diferentes profissões que igualmente emprestam seus conhecimentos teóricos para atividades que implicam situações de desamor. Talvez fiquemos chocados quando presenciamos ações de pessoas cuja atividade de fé seja o amor e que dele se desvirtuam em suas trajetórias – como os religiosos citados anteriormente que, em nome de ensinamentos cristãos, praticam o capitalismo selvagem sem qualquer piedade com a excludência promovida. Mas igualmente deve merecer repulsa semelhante todo e qualquer ofício que não respeite a dignidade humana e tampouco promova o amor como condição primordial para o desenvolvimento humano.

As sociedades modernas estão sedimentadas em estruturas sociais que não consideram a nossa humanidade, na medida em que os modelos socioeconômicos vigentes impõem um teor de competitividade desigual, excluindo de maneira cruel e desumana aqueles que não possuem condições de integração social. Embora tais posicionamentos possam receber as mais diferentes denominações – neoliberalismo, neocapitalismo, neo-socialismo e tantos outros "ismos"que se queira arrolar –, o que sempre se faz presente nessas sedimentações sociais é o profundo desprezo à nossa condição humana. Houvesse

[2] FREIRE, P. *Pedagogia do oprimido*. Rio de Janeiro: Paz e Terra, 1977.

respeito e amor, a humanidade não teria condições tão desiguais de opressão e humilhação. Basta verificar que a pólvora – motriz dos modernos armamentos de destruição – figura no rol das grandes invenções humanas. Não haverá lugar para o amor enquanto houver uma única criança com fome no mundo – indício maior do desamor entre as pessoas. Certamente continuaremos a ter uma situação em que o amor foi levado à sucumbência pelo ódio, enquanto houver mulheres sendo violentadas pela dominação masculina; guerras destruindo cidades, países e culturas; a destruição implacável de nossos recursos naturais; o desmantelamento de nossos valores morais. Somente o amor reúne em si as condições para a reversão desse quadro tão desolador vivido pela humanidade na contemporaneidade. No amor reside a nossa única esperança de uma nova realidade humana.

10.2 Palavras Finais

Chegamos ao fim. E ainda estamos em um caminho que apenas foi iniciado e do qual ainda muito resta a ser conquistado. Seguramente não há como esgotar as reflexões sobre a temática do amor, por maior que seja o número de páginas que venhamos a escrever. O amor é algo que brota em cada fração de segundo nos mais longínquos cantos do universo. E, enquanto houver um apaixonado colhendo uma flor para sua amada e um sorriso de criança a iluminar nossos dias, o amor será a centelha de esperança para uma nova realidade humana. O amor é a esperança tingida de azul a enfrentar o desamor do ódio que domina muitos corações humanos.

Bibliografia

ALBERONI, F. *O erotismo*. São Paulo: Círculo do Livro, 1991.

ALVES, R. *O retorno eterno*. Campinas: Papirus, 1999.

ANGERAMI, V. A. *Histórias psi*. São Paulo: Thomson Learning, 1997.

________. *A prática da psicoterapia*. São Paulo: Thomson Learning, 1999.

________. *Solidão: a ausência do outro*. São Paulo: Thomson Learning, 1999.

________. *Psicoterapia existencial*. São Paulo: Thomson Learning, 2001.

________. *Psicoterapia e subjetivação*. São Paulo: Thomson Learning, 2003.

________. (org.) *Psicoterapia fenomenológico-existencial*. São Paulo: Thomson Learning, 2003.

________. *Temas existenciais em psicoterapia*. São Paulo: Thomson Learning, 2003.

________. *Tendências em psicologia hospitalar*. São Paulo: Thomson Learning, 2004.

________. (org.) *As várias faces da psicologia fenomenológico-existencial*. São Paulo: Thomson Learning, 2005.

________.; ANGERAMI, P. L. *O amor na adolescência*. Campinas: Livro Pleno, 2004.

BOCCALANDRO, M. P. R. *Vontade e qualidade de vida*. Campinas: Livro Pleno, 2005.

BOFF, L. *Saber cuidar: ética do humano – compaixão pela Terra*. Petrópolis: Vozes, 1999.

BEAUVOIR, S. *O segundo sexo*. Rio de Janeiro: Nova Fronteira, 2002.

BUBER, M. *Eu e tu*. São Paulo: Cortez & Moraes, 1979.

CASTRO, M. G. Controle da natalidade, legalização do aborto e feminismo. In: *Encontros com a civilização brasileira*. Rio de Janeiro: Civilização Brasileira, 1980.

DOSTOIEVSKI, F. *O idiota*. São Paulo: Editora 34, 2002.

________. *Uma criatura dócil*. São Paulo: Cosac Naify, 2003.

FLAUBERT, G. *Madame Bovary*. São Paulo: Clube Internacional do Livro, 1999.

FREIRE, P. *Pedagogia do oprimido*. Rio de Janeiro: Paz e Terra, 1977.

GADOTTI, M. *Dialética do amor paterno*. São Paulo: Cortez, 2003.

GODELIER, M. As relações homem-mulher: o problema da dominação masculina. In: *Encontros com a civilização brasileira*. Rio de Janeiro: Civilização Brasileira, 1980.

HEIDEGGER, M. *O ser e o tempo*.

HOLANDA, A. B. *Dicionário básico da língua portuguesa*. Rio de Janeiro: Nova Fronteira, 1995.

KIERKEGAARD, S. *Diário de um sedutor*. São Paulo: Martin Claret, 2002.

________. *O desespero humano*. São Paulo: Martin Claret, 2002.

LAING, R. D. *O eu e os outros*. Petrópolis: Vozes, 1982.

________. *Laços*. Petrópolis: Vozes, 1986.

________. *O eu dividido*. Petrópolis: Vozes, 1986.

LAING, R. D. *Razão e violência*. Petrópolis: Vozes, 1986.

________.; COOPER D. *Antipsiquiatria*. Petrópolis: Vozes, 1987.

MARQUÊS DE SADE. *A filosofia na alcova*. São Paulo: Iluminuras, 2003.

MARX, K.; ENGELS, F.; LÊNIN. *Sobre a mulher*. São Paulo: Global, 1980.

MARAZZITI, D. et al. Alteration of the platelet serotonin transporter in romantic love. *Psychol. med.*, v. 29, n. 3, 1999.

MERLEAU-PONTY, M. *O visível e o invisível*. São Paulo: Perspectiva, 1971.

________. *Fenomenologia da percepção*. São Paulo: Martins Fontes, 1999.

________. *Signos*. São Paulo: Martins Fontes, 1999.

MORA, J. F. *Dicionário de filosofia*. São Paulo: Martins Fontes, 2001.

NIETZSCHE, F. *Genealogia da moral*. São Paulo: Companhia das Letras, 2001.

PERDIGÃO, P. *Existência e liberdade*. Porto Alegre: L&PM, 1995.

PLATÃO. Coleção Os Pensadores. São Paulo: Nova Cultural, 2005.

REY, G. F. *A pesquisa qualitativa em psicologia*. São Paulo: Thomson Learning, 2003.

ROGER, C. *Novas formas de amor*. Rio de Janeiro: José Olympio, 1979.

SARAMAGO, J. *O Evangelho segundo Jesus Cristo*. São Paulo: Companhia das Letras, 1991.

SARTRE, J. P. *O ser e o nada*. Petrópolis: Vozes, 1998.

SCHNAITH, N. O fundo da imagem na questão feminina. In: *Encontros com a civilização brasileira*. Rio de Janeiro: Civilização Brasileira, 1980.

SNYDER, G. *Não é fácil amar nossos filhos*. Lisboa: Dom Quixote, 1984.

STENDHAL. *Do amor*. São Paulo: Martins Fontes, 1993.

STRATTON, P.; HAYES, N. *Dicionário de psicologia*. São Paulo: Thomson Learning, 1999.

STUDART, H. *Mulher: objeto de cama e mesa*. Petrópolis: Vozes, 1974.

Tereza filósofa. São Paulo: L&PM, 1991.

WILDE, O. *De profundis*. São Paulo: Clube do Livro, 1958.

Filmografia

ACONTECEU NA PRIMAVERA. Título original: *Fiorile*. Direção: Irmãos Taviani. Distribuição brasileira: Versátil Home Video, 2003.

A MISSÃO. Título original: *The Mission*. Direção: Roland Joffé. Distribuição brasileira: Videolab, 2004.

A TRAPAÇA. Título original: *Il Bidone*. Direção: Federico Fellini. Distribuição brasileira: Versátil Home Video, 2005.

CASABLANCA. Título original: *Casablanca*. Direção: Michael Curtiz. Distribuição brasileira: Warner Home Video, 2002.

DENISE ESTÁ CHAMANDO. Título original: *Denise Calls Up*. Direção: Hall Salwen. Distribuição brasileira: Alpha Filme, 1999.

E LA NAVE VA. Título original: *E La Nave Va*. Direção: Federico Fellini. Distribuição brasileira: Versátil Home Video, 2004.

FRIDA. Título original: *Frida*. Direção: Julie Traymor. Distribuição brasileira: Imagem Filmes, 2004.

IRMÃO SOL, IRMÃ LUA. Título original: *Fratello Sole, Sorella Luna*. Distribuição brasileira: Versátil Home Video, 2003.

NOITES DE CABÍRIA. Título original: *Le Notti di Cabíria*. Direção: Federico Fellini. Distribuição brasileira: Versátil Home Video, 2004.

NÓS QUE NOS AMÁVAMOS TANTO. Título original: *C'Eravamo Tanto Amati*. Direção: Ettore Scola. Distribuição brasileira: Versátil Home Video, 2004.

O CARTEIRO E O POETA. Título original: *Il Postino*. Direção: Michael Radfor. Distribuição brasileira: Miramax Home Video, 2004.

O EVANGELHO SEGUNDO SÃO MATEUS. Título original: *Il Vangelo Secondo Matteo*. Direção: Pier Paolo Pasolini. Distribuição brasileira: Versátil Home Video, 2004.

O IMPÉRIO DOS SENTIDOS. Direção: Nagisa Oshima. Distribuição brasileira: Studio Gabia, 2002.

PAI PATRÃO. Título original: *Padre Padrone*. Direção: Irmãos Taviani. Distribuição brasileira: Versátil Home Video, 2003.

VILLA-LOBOS, UMA VIDA DE PAIXÃO. Direção: Zelito Viana. Distribuição brasileira: Imagem Filmes, 2003.

Impresso por

META

www.metabrasil.com.br